Como te ven...
te tratan

POR LA SUPERACIÓN DEL SER HUMANO Y SUS INSTITUCIONES

Rosario Galindo de Fernández

Como te ven... te tratan

Imagen y Etiqueta para damas

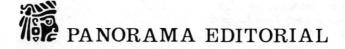

PANORAMA EDITORIAL

COMO TE VEN... TE TRATAN
(Imagen y etiqueta para damas)

Copyright © by Rosario Galindo de Fernández

Fotografías: de portada e interiores de color
Luis Castañeda Núñez

Primera edición: 1999
Novena reimpresión: 2003
© Panorama Editorial, S.A. de C.V.
   Manuel Ma. Contreras 45-B
   Col. San Rafael 06470 - México, D.F.

Tels.: 55-35-93-48 • 55-92-20-19
Fax: 55-35-92-02 • 55-35-12-17
e-mail: panorama@iserve.net.mx
http://www.panoramaed.com.mx

Printed in Mexico
Impreso en México
ISBN 968-38-0799-2

Dedicatoria

Este libro lo dedico con todo mi cariño a mis clientes, alumnas y alumnos, ya que gracias a ellos me siento estimulada para seguir investigando, estudiando y tratando de poner en práctica y compartir estos conocimientos, recordando la frase:

"No es importante lo que sabes... sino qué haces con lo que sabes."

Indice

4
COMPORTAMIENTO ADECUADO EN LA VIDA DIARIA Y EN LOS NEGOCIOS

Prólogo

Rosario Galindo, reune en este libro lo que todos debemos saber ya que si bien es cierto que el conocimiento intelectual te da seguridad, yo diría que el conocer el contenido de "Como te ven... te tratan" te dará la pauta para ser mejor, te verás más bella y tendrás lo que escasea hoy en día: estilo propio.

Rosario abarca mucho y logra darnos una idea en diferentes campos tan necesarios: etiqueta, arreglo personal, color, actitudes, ahorro, orden, educación, etc.

Es "Como te ven... te tratan" un libro en nuestro idioma fácil y que suena sencillo, sin rebuscamientos, son sugerencias al día, con color que existen.

Veremos que importantes son los modales, los detalles y la etiqueta que dan el sello siempre distinguido; en este libro encontramos la forma de conocer y aplicar estos aspectos importantísimos para desenvolvernos en sociedad y dar a cada ocasión la importancia que requiere, un toque especial en el que reflejamos nuestra propia personalidad.

Es este libro actual y da la impresión de una plática entre amigas y al mismo tiempo contiene la cantidad de información que nos da la confianza de que Rosario Galindo sabe lo que hace.

Evelyn Lapuente

Introducción

En este libro encontrarás las reglas básicas para tener una buena imagen, sabiendo primero que nada el significado de ésta y aunque nos dirigimos principalmente a las personas —damas y varones— que trabajan fuera de casa, lo que aquí escribimos va dirigido a quien desea verse bien.

Aprenderás a usar la ropa y las combinaciones que te harán lucir sabiendo elegirlas, ya que conozcas tu tipo de cuerpo y te darás cuenta de que no es necesario gastar mucho, solamente usar el sentido común y tu imaginación, después de poner en práctica lo que aquí leerás.

Por otra parte, la palabra "etiqueta" llama la atención porque sabemos que desde que la sociedad se instituyó como tal, fue creando ciertas leyes que rigen la buena educación. Estas suelen variar un poco según la cultura, la época, el país y las situaciones, sin embargo, hay algunas que en esencia no cambian.

Estas deben y pueden seguirse en cualquier nivel social ya que no es el dinero solamente lo que las hace.

Ciertamente cuando se nace en una familia donde éstas se siguen a pie juntillas, pudiéramos decir que "se llevan en la sangre" y son desde siempre una forma de vida, no obstante si se desea, se pueden ir aprendiendo y poniendo en práctica de acuerdo a las diferentes ocasiones.

Al principio serán "actuaciones", lecciones aprendidas, pero poco a poco, cuando las memorizamos las hacemos parte nuestra, naturales y llegarán a darnos ese sello de distinción personal que nos hace únicos.

Como ejemplo claro tenemos a la realeza, que saben comportarse como príncipes desde que nacen, perdiendo tal vez ante nuestra vista de plebeyos, la sencillez en las caras. Y así veremos que un pequeño príncipe de pocos años, ya llevar traje de vestir en la mayoría de las ocasiones, siendo esto inusual en otros medios y me gustaría nombrar a la querida Princesa Diana que "aprendió a ser princesa".†

Es necesario saber guardar la compostura en cualquier sitio y ocasión y también es muy importante recordar que "al país donde fueres... haced lo que vieres" y primero debemos pensar en ello, en la gente que nos rodea y en el papel que representan en cada momento.

Este libro va dirigido a cualquier persona, de cualquier sociedad o economía que desee conocer o reafirmar los puntos básicos de una imagen refinada. Básicamente está pensado en las personas que no han nacido en una casa rica, que no han llevado una vida social obligada pero que, por su crecimiento profesional o deseo de ser mejores quieren conocer, aprender y practicar "La etiqueta y reglas básicas de una buena educación".

Rosario Galindo de Fernández

1
¿Qué significa imagen?

Cuántas veces no hemos escuchado el refrán que dice:

"Una imagen vale mas que mil palabras."

Y esto es tan cierto como el que al sólo ver a una persona, una casa, una ciudad o inclusive recibir una actitud de alguien, nosotros podemos definir cantidad de cosas que se refieren a esto. Es por ello que es tan importante que cuidemos de todos los detalles que nos rodean, empezando por nuestra persona, *nuestra imagen*, ya que con ella transmitiremos todos nuestros "secretos".

En este capítulo de una forma sencilla conocerás todo lo referente a lo que es la imagen, como se conforma y como debes cuidarla, espero que disfrutes esta lectura.

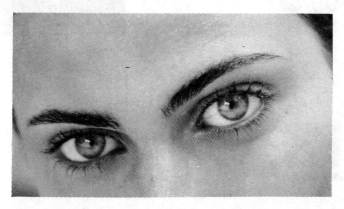

¿Qué significa imagen?

La imagen es tan importante que demuestra en poco tiempo por medio de la visión cualquier efecto que se desea causar.

En menos de siete segundos nosotros tenemos una imagen construida de lo que estamos viendo. Si tú ves las siguientes imágenes, sin palabras, sólo con ello sabes lo que significa o bien qué te quieren decir:

1)

2)

3)

4)

5)

6)

En el dibujo 1) puedes entender la indicación de NO FUMAR, en el 2) puedes interpretar UNA PAREJA DE BAILE, en el 3) un deporte que es el TENIS, el 4) UNA CIUDAD, el 5) una TAZA DE BEBIDA CALIENTE y el 6) UNA PELICULA, o ¿qué pensaste, qué te dijo cada imagen?

Al verlos, rápidamente nuestra mente asocia: actividad, anuncio, temporada, ocasión, sexo, agresión, etc., es por ello que es tan importante la primera impresión.

El físico es lo que primero mostramos, es lo que primero se ve.

Si te voy a dar un regalo y te doy a escoger dos cajas iguales: una envuelta en plateado con un moño atractivo, la otra envuelta en periódico. ¿Cuál escogerías?...

De la envuelta en papel plateado sacamos unas piedras, de la otra un bello adorno de porcelana o cristal.

Por esto es indispensable la buena imagen, ya que es nuestra envoltura, lo que mostramos a los demás en un principio.

Referente a esto hay una frase que dice así:

"A las personas se les recibe según visten... se les despide según piensan."

y lo anterior es un claro ejemplo de ello.

La imagen no es solo una persona, es una ciudad, un país, una casa, una escuela, etc. y debemos conservar todo esto para causar una buena impresión, ya que:

"Nunca tendremos una segunda oportunidad de causar una primera impresión."

¿Cómo se conforma el impacto?

De acuerdo al Sr. Albert Merhabían el impacto se conforma de:

55% la imagen personal, o sea lo que traemos puesto, la ropa, el cabello, los anteojos, los accesorios, etc.

38% el tono de voz, como la modulamos, como decimos las palabras.

7% el contenido de lo que decimos, esto es lo último que queda en la mente.

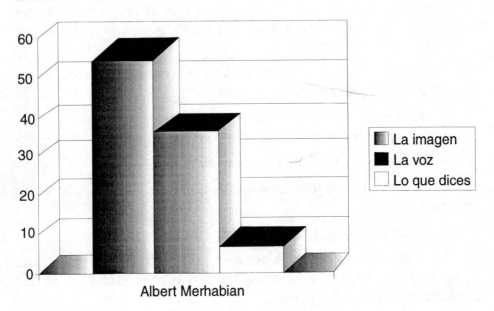

Albert Merhabian

Así es que cuando hablamos, somos todo.

Imagen externa

Lo que traes puesto: como te vistes, tus zapatos, tu ropa, la higiene; si tu aspecto es sucio o desaliñado o pulcro e impecable. El cabello: si es largo o corto, peinado o despeinado, etc.

Los accesorios: son tu toque de distinción personal. El tipo de reloj, la corbata, el portafolio, los aretes, el collar, etc.

Tu imagen corporal: como te mueves, te paras, te sientas, etc.

Sensorial: como hueles, si sudas, el contacto de tu piel.

Imagen interna

Las actitudes: como te comportas.

Verbal: como te expresas, de qué y como hablas. Dicen que de lo que hablas está lleno tu corazón.

Escrita: como escribes, envías un mensaje, tu ortografía, tu letra, etc.

El lenguaje corporal: sigue mostrando nuestra personalidad, lo que expresamos:

Como caminamos, en la entrada a un lugar, de forma triunfal o con miedo, como nos dirigimos.

La postura: de seguridad, de cansancio, al sentarnos, si tenemos una sonrisa o mala cara, reflejamos el estado de ánimo, con el saludo, la seguridad, el nerviosismo.

Debemos tener siempre un *respeto al territorio*, no te encimes al otro, guarda siempre tu distancia.

Todo lo anterior marca tu cultura, tu nivel social, tu educación, a que te dedicas, algunas veces tu estado civil, etc. Es increíble como con solo una simple mirada podemos "adivinar" tantas cosas de una persona.

Como ves la imagen personal es tan importante que se vuelve indispensable cuando queremos causar un efecto positivo ante cualquier persona. Lo es tanto que esto nos abrirá el camino para cualquier empresa que deseemos emprender.

Tú comunicas con tu imagen

La autoestima, lo que te cuidas y te quieres, por ejemplo si estás delgado u obeso demuestras lo que comes, si haces ejercicio, si eres aseado, etc.

Tu estado de ánimo, si estas contento, triste, deprimido.

Tu nivel cultural/educacional según tus atenciones.

La confianza la das o proyectas, el temor, autoritarismo.

Tu éxito, a donde vas y hasta donde has llegado.

Imagínate que en tu empresa que es líder en el mercado, donde los ejecutivos deben demostrar categoría, nivel cultural amplio, etc., vas a contratar personal, sales a la sala de espera y ves a dos caballeros, uno con arete, pelo largo, de jeans y botas, en su curriculum tiene excelentes calificaciones. El segundo va de traje y corbata, no ha terminado la carrera y tiene deficientes calificaciones; esto último no lo sabes, entonces, ¿a cuál entrevistarías y contratarías?

Tú puedes adivinar el trabajo de una persona por su imagen física o su vestimenta.

Hagámoslo viendo las siguientes ilustraciones:

¿Adivinaste? Vamos a ver:

Director de orquesta, mesero, orador, ejecutiva, ingeniero y maestra.

Existen algunas reglas básicas para la imagen personal y aunque haya algunos cambios según la época esto no se debe olvidar:

La sencillez

2

¡Todo está en el color!

¿Te has preguntado por qué, algunas veces te sientes mucho mejor con una prenda que con otra y no sabes la causa? ¡TODO ESTA EN EL COLOR!

Esto lo descubrió Robert Dorr (1905-1980) cuando en la Universidad de Stanford; dividió a las personas en dos grupos de color, después el pintor sueco Johannes Itten, al observar la semejanza entre los colores que escoge un artista al realizar una obra y la de su colorido personal, hizo la división por estaciones.

Todos escogemos instintivamente los colores que mejor nos van, sin embargo, por influencia de la moda o de las personas nos dejamos llevar y usamos los colores que no nos favorecen.

La diferencia está justamente ahí. Con "nuestros colores" resaltamos "nosotros" y nos vemos sensacionales, con los que no nos van, nos vemos "descoloridos" y pasamos desapercibidos.

Para esto se ha hecho un estudio en el que se encontró que así como las estaciones del año tienen sus propios colores, las personas tenemos también un colorido personal y se nos cataloga dentro de cada una de ellas.

Así tenemos, por ejemplo, que en mujeres, Elizabeth Taylor y Lucero son personas "Invierno", Lady Diana[†] y Verónica Castro son "Verano", Jane Fonda y Lucía Méndez son "Otoño", Leticia Calderón y Nicole Kidman son "Primavera".

En varones tenemos a Sean Conery y Juan Ferrara como "invierno", al Rey de España Don Juan Carlos y a Manuel Mijares como "verano", a Tom Selleck y Jacobo Zabludovsky como "otoño" y a Robert Redford y Brad Pitt como "primavera".

Las personas pertenecientes a las estaciones frías, invierno y verano usarán los colores basados en el azul, al contrario que las de estaciones cálidas como el otoño y la primavera, que se basarán en tonos amarillos.

Esto lo sabemos por medio de un análisis individual en el que llegamos a conocer cuál es nuestra estación y sabemos con seguridad qué colores nos favorecen más en la ropa, maquillaje, tono de cabello, joyería, fragancias, etc. (Este te lo podrán realizar en escuelas de personalidad especializadas y te darán un abanico de telas en una pequeña cartera, con los colores básicos para tu guardarropa. Véase Armonía y estilo en la última página.)

Te enseñarán como arreglar el guardarropa y combinarlo mejor, utilizando accesorios, así como también ahorrar tiempo al comprar.

Te invito a entrar al mundo mágico del color, para que resaltes realmente tus facciones y tu personalidad.

En la solapa de la portada de este libro encontrarás los colores básicos del invierno y del verano (fríos) y en la solapa de la contraportada los del otoño y la primavera (cálidos).

Al igual que en las fotografías a color del guardarropa, te darás cuenta de las combinaciones básicas de cada estación.

El color habla

Los colores influyen mucho en la forma de vestir, podemos decir a grandes rasgos que estos expresan lo siguiente:

Negro: Elegante, liderazgo, es duro y retador, no es conveniente para entrevistas o juntas de trabajo.

Azul marino: Elegante, refleja autoridad y respeto, confianza, credibilidad, solidez, es muy recomendable para juntas, entrevistas o para hablar en público.

Gris: Serenidad, eficacia, madurez.

Champagne o caqui: Informal, casual.

Colores pastel: Disminuyen la imagen profesional, son dulces.

Morado: Ostentación, intimidante, alejamiento, un tanto teatral, artificial.

Rojo: Atrevido, sensual, atrae la atención.

Blanco: Refinamiento, pureza, luz.

El 90% de tu cuerpo está cubierto con ropa y accesorios por eso es tan importante que pongas atención al elegir tu guardarropa.

Recuerda estos sencillos consejos y esta frase de Robert Panté, uno de los grandes hombres del buen vestir:

"Vístete de acuerdo a... lo que quieres ser... a donde quieres llegar... el éxito que quieres lograr... vístete para triunfar."

3

Todo para la imagen de las damas

En este pequeño espacio encontrarás varios conceptos que te ayudarán a verte mejor y a sentirte bien.

Ante todo, deberás recordar: "Tú eres como eres, si no te gusta, trata de cambiar, pero si no puedes, no te pelees contigo misma, acéptate como eres".

Lo importante será que descubras todos tus puntos bellos y trates de resaltarlos y al mismo tiempo disimules todos aquellos que no te hacen lucir excelente.

Piensa en la vieja frase: "De la moda lo que te acomoda" y no uses por estar a la última moda cosas que no te favorecen.

Lee con atención las siguientes páginas y después obsérvate con detenimiento, para que te clasifiques tanto en forma de cuerpo como en el estilo que deberás adaptar y adoptar según tu forma de vida.

Ahora, ¡adelante! Luce tan bella como puedes ser.

Eres única

Sólo Busca:

Tu imagen...

Tu estilo...

Tus proporciones...

y los accesorios adecuados.

"Tú eres como eres;

si no te gusta,

intenta cambiar,

pero si no puedes...

quiérete, acéptate,

y luce lo mejor posible".

¡No te pelees contigo misma!

¿Qué es personalidad?

Es el equilibrio armónico entre el espíritu, la mente y el cuerpo. Con ésta se nace y a través de los años la vamos formando, encauzando y modificando.

¿Qué es estilo?

Es lo que te diferencía de los demás. Con el estilo no se nace, se aprende en el camino de la vida con los siguientes factores:

- **Gusto:**
  Se adquiere a través de la observación (viendo a la mamá, las revistas, modelos, televisión, cursos, etc.).

- **Calidad:**
  Más vale poco bueno que mucho de baja calidad. Las telas de fibra natural, los cortes clásicos y los buenos acabados darán siempre el toque de elegancia. Busca que el corte sea al cuerpo, sin ajustar, que las costuras "empaten" si el estampado es de cuadros o de rayas, que el forro sea invisible, etc.

- **Propiedad:**
  Tomarás en cuenta:
  — La edad: Es bueno vestirte juvenil, pero siempre adecuadamente.
  — La figura: Si eres delgada o gordita, alta o bajita.
  — El clima: Para las texturas, colores y combinaciones.
  — La ocasión: Ya que no podrás ir vestida igual a la oficina que a un día de campo, o a practicar algún deporte.
  — No más de tres colores, a menos que sea un estampado, y usarás el color predominante en los accesorios.

- **Consistencia:**
  La ropa y los accesorios deben "hablar el mismo idioma".
  Esto quiere decir que todo debe ir de acuerdo al mismo estilo y según la ocasión.

Un ejemplo de error muy clásico sería: "Pants con tacones y aretes largos de perlas y brillantes". Los pants son para hacer deporte; por lo tanto, van con zapatos tenis, nunca con tacones; lo mismo que los aretes largos, que son para una vestimenta formal, en este caso se usarían aretes de broquel.

- **Accesorios:**
    Estos serán tu huella individual. Los usarás de acuerdo a tus proporciones, combinándolos unos con otros. No olvides que la mujer elegante no se recarga, la sencillez es indispensable. Para que estés segura usa la regla del catorce. (Ver pág. 67)

- **Audacia:**
    Al verte de diez y no de ocho. Muchas veces nos vemos al espejo y nos gusta la imagen que reflejamos, sin embargo, nos da temor atrevernos a llamar demasiado la atención y nos reprimimos. ¡No lo hagas!

¡Atrévete a ser bella siempre!

Lo más importante es que tú busques lo que mejor te queda, cuál es el estilo que más te favorece, como lo leíste anteriormente de acuerdo a tu figura, a tu edad, al clima y a la ocasión.

Recuerda: "Eres única e irrepetible, no trates de ser una copia o imitación de nadie, busca tu propio estilo, sé tu misma en plenitud, luce lo más bella que puedas resaltando todo lo mejor de ti".

Contesta ahora el siguiente cuestionario, éste te ayudará a descubrir cuál es el estilo que tienes por naturaleza. Después encontrarás los cuatro estilos básicos que existen, descubre cuál es el tuyo para que cada día seas más bella.

Cuestionario

1. ¿Si tu pudieras volver a nacer, como quién te gustaría ser físicamente?

   A. Jane Fonda/Farrah Fawcett/Daniela Romo.
   B. Lady Diana/Jacqueline Andere/Lolita Ayala.
   C. Diane Ross/María Félix/Felicia Mercado.
   D. Jacklyn Smith/Guadalupe Pineda/Elizabeth Taylor.
   E. Raquel Welch/Verónica Castro/Olivia Collins.

2. ¿Qué clase de maquillaje usas para ti?

   A. Sin maquillaje.
   B. Maquillaje perfecto conforme a la ocasión.
   C. Sumamente dramático.
   D. Lo más pálido posible.
   E. Vibrante, satinado y brillante.

3. ¿Suponiendo que vas a poner a prueba tu cabello, qué estilo escogerías?

   A. Corto casual, largo despeinado.
   B. Cabello largo a los hombros, suelto, libre, suave.
   C. Cabello lacio jalado hacia atrás o muy corto.
   D. Cabello largo ondulado.
   E. Cabello abundante, suavemente en capas.

4. Cuando te vistes, te sientes muy bien con:

   A. Camisa de algodón, campestre, pants.
   B. Traje sastre completo, gabardina marfil de lana.
   C. Blusa magenta de satín con grandes hombreras, mangas dobladas hacia arriba, falda ajustada y corta.
   D. Vestido de verano, blanco de encaje.
   E. Mini-vestido rojo de lentejuela.

5. ¿Qué usarías en una fiesta de cóctel, para dar la mejor impresión?

   A. Blusa de seda llena de colorido y falda negra.
   B. Vestido negro sencillo de seda.
   C. Túnica roja de satín sobre unos pantalones negros.

D. Vestido de seda y encaje.

E. Vestido azul eléctrico corto.

6. ¿Qué textura prefieres al tocarla y sentirla cuando te vistes?

A. Algodón, lana, piel, gabardina.

B. Seda, lino, crepé, cashmere.

C. Satín, piel, metálicos, jersey de lana.

D. Angora, rayón, organza, encaje.

E. Satín, seda, ante.

7. ¿Cuál es la pieza de joyería que prefieres para sentirte super?

A. Gargantilla de oro.

B. Reloj Cartier.

C. Brazalete de latón o pewter.

D. Un viejo prendedor camafeo.

E. Aretes de diamantes y perlas.

8. ¿Qué colores te gustan más?

A. Primarios, vivos.

B. Pálidos neutrales.

C. Negro.

D. Pasteles suaves.

E. Rojo y azul eléctrico.

9. Suponiendo que tu figura no es problema, ¿qué ropa te atrae más? (Ver dibujos siguiente página).

A. Viva y lineal, casual.

B. Liso, suave y definido, conservadora.

C. Angular y asimétrico, llamativa.

D. Suave y suelto, con encajes y flores.

E. Apretado, ajustado, pegado al cuerpo, espectacular y extravagante.

10. ¿Qué clase de cumplidos o piropos te deleita, o gusta más recibir?

A. Tú te ves tan divertida y natural...

B. Tú tienes un gusto tan elegante...

C. Tú tienes un estilo fantástico...

D. Tú pareces un sueño...

E. Tú siempre sobresales...

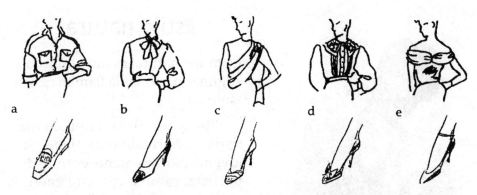

a   b   c   d   e

RESPUESTAS CUESTIONARIO ¿Cuál es tu estilo?

Circula la letra que más se asemeja a la respuesta correcta

1	A	B	C	D	E
2	A	B	C	D	E
3	A	B	C	D	E
4	A	B	C	D	E
5	A	B	C	D	E
6	A	B	C	D	E
7	A	B	C	D	E
8	A	B	C	D	E
9	A	B	C	D	E
10	A	B	C	D	E

RESULTADO:

Cuenta cuántas letras tienes iguales y en la que tengas mayoría, ese será tu estilo predominante:

Mayoría de A.- Natural
Mayoría de B.- Clásica
Mayoría de C.- Dramática
Mayoría de D.- Romántica
Mayoría de E.- Sofisticada

Estilo natural

La mujer natural es muy informal. Algunas personas la llaman casual también.

Puede ser alta o también menuda, y normalmente tiene aire juvenil. Normalmente es muy deportista, camina con aire enérgico y sus modales son amistosos.

Le quedan excelente las prendas deportivas, desde las informales hasta las más chicas. Puede llevar botas con jeans, faldas y suéteres.

La mujer natural debe evitar todo lo que resulte teatral o sofisticado. Lucirá mucho mejor con joyas pequeñas y sencillas.

El maquillaje es sólo para cubrir imperfecciones y hacer algunas correcciones. Su cabello puede ir largo lacio o un corte un poco despeinado.

En esta personalidad encontramos por ejemplo a Daniela Romo, Lucero, Farrah Fawcet y Jane Fonda.

Si no estás dentro de esta categoría y quisieras estarlo, basta con intentarlo.

Estilo clásico

La mujer clásica tiene generalmente los rasgos faciales regulares, el cuerpo bien proporcionado sin importar mucho la estatura, aunque ésta tiende a ser media.

Es conservadora y elegante, siempre va bien arreglada. Es normal en ella tener un buen porte y cierta formalidad. Utiliza mucho el traje sastre o el vestido clásico camisero.

La mujer clásica siempre está actualizada en un estilo conservador, el largo de la falda casi siempre es el mismo pues solo acepta los cambios una vez que han sido totalmente establecidos.

La joyería que utiliza siempre es fina, los aretes de medias perlas son sus preferidos y nunca se pone nada demasiado exagerado.

El maquillaje es ligero y discreto aunque impecable.

En esta personalidad conocemos por ejemplo a Irán Eory, Jaqueline Andere, la reina Sofía, Lady Diana,[+] Grace Kelly,[+] Nancy Reagan.

Aunque no seas una mujer del todo clásica, puedes adoptar esta personalidad teniendo cuidado de combinar con algún accesorio de tu personalidad.

Casi siempre con la edad todas las mujeres nos volvemos clásicas,

Estilo dramático

La mujer dramática normalmente es alta y delgada, de apariencia llamativa y de rasgos angulosos.

Tiene hombros anchos, inclusive huesudos. Tiene un aire exótico, caderas planas y piernas largas. Este tipo de mujer puede permitirse las extravagancias de la moda y generalmente se ve bien.

Gracias a su estatura, puede ser exagerada en los accesorios, pueden ser atrevidos, grandes y elaborados. El corte de cabello puede ser simple, corto o largo.

El maquillaje más cargado se ve bien, resaltando siempre los ángulos del rostro.

Tenemos como ejemplo de mujeres dramáticas a María Félix, Joan Collins, Cher, Sonia Infante, Felicia Mercado, Liza Minelli y Barbara Streisand.

Si no estás dentro de esta categoría y te gustaría estarlo, ten en cuenta tus medidas y tu edad.

Estilo romántico

La mujer romántica es muy femenina, tanto en estilo como en modales.

Su figura normalmente tiene curvas y le quedan las prendas ahuecadas y flojitas. Aunque tiene cierto parecido con la mujer dramática por su arreglo llamativo, es más pequeña y debe por lo tanto ser menos exagerada. Todos los estampados que usa son femeninos, un poco rebuscados y los usa con flores.

Utiliza vestidos enfatizando mucho la cintura y escotes profundos, sobretodo para la noche. La mujer romántica tiene ojos tiernos y dulces.

El maquillaje lo utiliza realzando mucho los ojos y enmarca los labios. El cabello normalmente es largo, con rizos, cerca del rostro.

Las joyas son llamativas y recargadas con piedras y perlas, le gusta la fantasía fina.

Encontramos por ejemplo a Elizabeth Taylor, Marilyn Monroe, Ann Margaret, Verónica Castro y Guadalupe Pineda.

Si quieres tener aire de romántica puedes hacerlo alguna vez, usando un vestido de volantes o con algún moño o encaje, pero ten cuidado en no caer en el extremo y ponerte tantas cosas que no se sepa en donde estás tú o en dónde esta tu estilo.

Estilo sofisticado

La mujer sofisticada es la que en cualquier estilo, ya sea natural, clásica, romántica o dramática pone un toque especial y diferente en su arreglo, un algo distinto que la hace llamar la atención.

Tal vez todas deberíamos tener ese toque que distingue y nos hace más femeninas. He aquí unos ejemplos:

Clásica/sofisticada: Es la mujer que aunque prefiere lo convencional gusta de usar accesorios de moda que la hagan sentirse actual, por ejemplo: un traje sastre de lino pero con una gran flor contrastando en la solapa.

Natural/sofisticada: Es la mujer joven, natural que no se va nunca a los extremos pero que por su edad no usa ropa muy formal, prefiere lo tradicional y sencillo pero usa accesorios que pueden llegar a ser llamativos o si le sienta bien una minifalda.

Romántica/sofisticada: Recarga un poco los accesorios.

Dramática/sofisticada: Ella de por sí es siempre sofisticada.

Podríamos definir que la mujer sofisticada es la que tiene la audacia de verse diferente pero en su propio estilo, tomando en cuenta siempre su edad y la ocasión.

Texturas

Es muy importante seleccionar el tipo de telas que vamos a utilizar.
Deben ser compatibles entre sí y adecuadas al clima y la ocasión.

TELAS PARA:

DIA	NOCHE
• Algodón, mezclilla	• Satín
• Poliéster	• Seda
• Rayón	• Encajes
• Lino	• Chifón
• Camiseta (jersey)	• Piel con pelo
• Poliseda	• Tafeta
• Piel	• Terciopelo
• Casimir	• Raso
• Gabardina	• Lana
• Lana	• Moir
• Seda opaca	• Brocado
	• Shantung

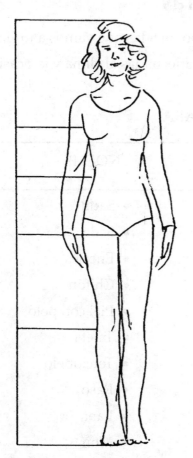

Medidas y proporciones de la figura

Todas desearíamos ser "10, la mujer perfecta" sin embargo muy pocas son las que alcanzan dicha perfección, máxime cuando al convertirnos en madres nuestra línea cambia y se deteriora con los años. Pero debemos tratar de estar lo mejor posible, cambiando lo que podemos, como es tener el peso adecuado llevando una buena nutrición y una rutina de ejercicios constante (Léase Mujer... armonía y estilo, Editorial Panorama) y conociendo lo que no podemos cambiar —como la estatura o un talle largo— vistiéndonos en una forma apropiada. Para ello te mostramos las diferentes figuras con las medidas y proporciones, para que intentes conocerte mejor.

Observa tu cuerpo desnudo frente a un espejo y anota en un papel como te ves. Compáralo con los tipos de cuerpo que vienen en este libro y checa tus proporciones.

Recuerda que si no estás segura puedes consultar con una experta en la materia, esto será una sola vez, así es que vale la pena.

Es el momento también de checar tus senos. Debes fijarte que los dos estén a la misma altura, que los pezones sean del mismo color, incluso tócalos para que notes si hay alguna bolita extraña. Si ves algo raro, consulta a tu ginecólogo de inmediato.

Figura equilibrada

Si tienes esta figura eres afortunada. Le llamamos también casi X, es cuando existe un equilibrio entre los hombros y las caderas.

Luce tu silueta y usa ropa ajustada aunque nunca demasiado para que no se marquen arrugas y pierdas elegancia, disfruta de las telas tejidas o de punto y si tu talle es correcto y tu peso ideal, también disfruta un "lindo bikini".

Figura tipo "X"

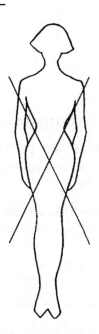

Como el dibujo lo marca, tienes un cuerpo bastante equilibrado, si recuerdas es el llamado de "guitarra" que fue muy común en la época de Brigitte Bardott y Sofía Loren.

Algunas veces es un problema tener mucho busto y la cintura muy marcada, pero lo puedes camuflagear usando vestidos no muy ajustados ni demasiado amplios, evita cinturones obscuros o muy anchos. Usa faldas con pliegues, nunca muy estrechos, pueden ser rectas.

Las hombreras están permitidas sobretodo si tienes hombros caídos.

Usa un buen brassiere que sostenga el busto sin marcarlo demasiado.

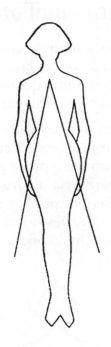

Figura tipo "A"

Como lo ves en el dibujo, las características especiales de esta figura son:

Hombros estrechos, cintura pequeña, caderas y muslos anchos.

A esta figura le llaman también forma de pera y la tienen muchas mujeres latinas.

Encontraremos el equilibrio de la siguiente forma:

En la parte superior: blusas con hombreras, martingalas, cuellos mariposa o solapas anchas, mangas con pliegues y un poco fuera del hombro.

Telas con textura y estampadas.

Las faldas y los pantalones serán con pocos pliegues, con pinzas y terminado rectos, nunca muy anchos ni entubados, igual que las faldas.

Evitar: blusas con manga ranglán, hombros sin cuerpo, falda con mucho pliegue o demasiado llamativas.

MIS NOTAS: _____

_____

_____

_____

_____

Figura tipo "V"

Como el dibujo lo muestra, este tipo de cuerpo tiene los hombros anchos y las caderas estrechas, es muy común en las deportistas, sobre todo nadadoras. Normalmente las piernas son delgadas y no hay caderas.

Para equilibrar la silueta:

No se usan hombreras, martingalas, cuellos demasiado anchos y en ojal, collares demasiado llamativos, telas gruesas con muchos pliegues o textura en las mangas.

Las faldas serán con pliegues, pinzas o terminados en línea A, o acampanadas, nunca entubadas; pantalones siempre con pliegues, rectos.

Las telas podrán ser gruesas y con estampado.

MIS NOTAS: _____

_____

_____

_____

_____

_____

_____

_____

_____

Figura tipo "T"

Como el dibujo lo muestra, este cuerpo es bastante equilibrado, solamente que los muslos son anchos (chaparreras).

Por lo tanto trataremos de usar colores opacos en la falda o en el pantalón (éste último a menos que seamos delgadas). Será con pinzas o pliegues terminando recto.

No usaremos bolsas ni cinturones con adornos.

Prohibida la ropa de punto o cualquier textura que se pegue.

Ningún saco o blusón que llegue a la cadera. Los sacos serán cortos y las blusas por dentro de la falda. Podemos usar hombreras si los hombros no son muy anchos.

MIS NOTAS: _____

_____

_____

_____

_____

_____

_____

_____

_____

_____

_____

Figura tipo "H"

Como el dibujo lo muestra, este cuerpo tiene balance, pero le falta cintura. Podemos encontrar "gorditos" en la parte del talle, por lo tanto trataremos de:

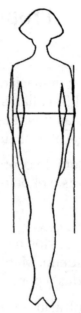

Usar vestidos que no sean muy entallados; con cinturones obscuros pero no muy ajustados y siempre aflojando un poco el talle.

Los blusones o vestidos de talle largo ayudan bastante.

Las faldas tipo corneta o con detalle abajo, como algún volante.

Evitar: sacos cortos, blusas entalladas, telas con textura (son mejor las suaves como la seda, el chiffón, etc.).

MIS NOTAS: _____

_____

_____

_____

_____

_____

_____

_____

_____

Proporciones del cuerpo

• Cuello

Si el cuello es demasiado largo, evita los escotes en V, en U y los pronunciados. Los collares y adornos largos. Usa escotes redondos, cuellos tortuga, las mascadas anudadas son excelentes para el cuello largo; collares pegaditos al cuello y aretes largos pero con volumen.

Si es corto será lo contrario y si también es grueso se deberán evitar las hombreras y el pelo sobre el mismo.

• Hombros

Si estos son caídos hay que usar hombreras, tomando en cuenta el grueso del cuello. Manga con pliegues y con sisa, nunca sisa raglán o mangas caídas o pegadas.

Si por el contrario son anchos, hay que usar escotes en V, sisa raglán, evitar hombreras y martingalas, al igual que si son muy anchos. Si son estrechos los escotes en ojal son muy convenientes, evita los tirantes halter.

• Brazos

Si los brazos son gruesos, gorditos, nunca se usa una manga con pliegues, ni demasiado corta o pegada ni con puño o adorno al dobladillo. Será lisa y dos dedos arriba del codo. La manga debe ser al caer del antebrazo, nunca pegada.

Si los brazos son delgados se hará justo lo contrario.

• Busto

El busto debe estar exactamente a la mitad del hombro y la cintura. Si es demasiado se sugiere usar un brassiere que lo abarque todo y de buena forma. No se usarán bolsas ni escarolas en la blusa y los collares deberán ir hasta el comienzo del mismo, nunca encima.

Si es poco se hará lo contrario.

• Cintura

Si es gruesa no debe usar cinturón, mas bien blusones o blusas por fuera, nada que llame la atención hacia ella. Si es angosta puedes usar cinturones más anchos y de colores vivos, ropa ajustada y ¡un lindo bikini!

• Caderas

Si es prominente evita los pliegues o la falda muy ajustada. Las faldas sin pretina son favorecedoras al igual que algunas pinzas. Debe ser recta y no entubada. Si es ancha evita también pliegues y talles largos, nada que llame la atención hacia ellas. Si tu talla es de 36 en adelante, evita los pantalones y los mallones.

Las faldas con costura al centro adelgazan.

• Estómago prominente

Evita las faldas y los pantalones ajustados o con demasiados pliegues. Las faldas circulares son buenas pues alisan el estómago y al terminar en círculo lo disimulan.

La pretina muy apretada hará que siempre se note el estómago aunque sea delgada. Debe quedar flojita para que puedas "respirar".

• Talle

La medida de la cintura debe estar a la mitad, entre la axila y la ingle. Si pasa de dos centímetros hacia abajo, el talle es largo, si es menor la medida hacia el busto, es un talle corto.

Si el talle es largo, la pretina de faldas y pantalones deber ser alta. Los cinturones al color de los mismos, no se utilizarán blusones ni blusas "desfajadas", el color obscuro irá en la falda y los claros y estampados de preferencia en la blusa.

Si es corto se usará la blusa por fuera, el cinturón al color de ésta, blusones y talles bajos.

• Piernas

Los colores obscuros en las medias las adelgazan y las claras las engordan. El natural neutro es el clásico. El largo del dobladillo va con la moda pero si las piernas son muy cortas evita la falda a media pierna y si son muy largas evita la minifalda al igual que si son muy gruesas. El tacón no debe ser ancho si son muy gruesas, sino de un ancho regular.

La talla correcta del sostén

La mayoría de las mujeres no saben realmente como debe determinar la talla correcta del sostén. Aquí te mostramos como saberla:

Tomate la medida debajo del busto, alrededor del tórax, en pulgadas:

- Si el número es impar, súmale al resultado 5.
- Si es par, súmale al resultado 6.
- Si es más de 33, súmale al resultado 3.

Para elegir la copa, tomate la medida en la parte más sobresaliente del busto y réstale la medida debajo del busto.

- Si la diferencia es 0, la copa debe ser A
- Si es 1, B
- Si es 2, C
- Si es 3, D
- Si es 4, DD

Ejemplo: Si la medida del tórax es 28, súmale 6 = 34
           y la medida del busto es 33, réstale $\underline{33}$
                                                      1

El resultado es talla 34 B .

Para determinar la medida correcta de un body suite:

- La copa debe quedar en su sitio aunque te quites los tirantes.
- Cuando caminas: el body suite no debe subirse ni encogerse.
- Cuando te sientes no debe hacerse bolas ni jalar las copas del sostén hacia abajo.

Guardarropa

Mucha gente piensa que para estar bien vestida debes tener el clóset lleno de ropa y mucho dinero y está en un error.

Una vez que sabes tu forma de cuerpo, tu estilo y de preferencia los colores que más te favorecen, arregla tu clóset:

Separa tu ropa en tres montones:

1. La que es de tu color, estilo y usas mucho porque te encanta.
2. La que no es de tu color y estilo pero te queda y te encanta.
3. La ropa del recuerdo: la usaste en tu luna de miel, la que se volverá a usar, para cuando adelgaces, etc.

Esta última véndela, regálala o bien guárdala en el baúl del recuerdo, te aseguro que tienes meses sin usarla y seguirá sólo arrugándose y quitando espacio.

Después con los montones 1 y 2, haz combinaciones y ve todas las posibilidades. Te sorprenderás al ver cómo crece tu vestuario.

Los vestidos de dos piezas puedes intercambiarlos con otras faldas y blusas, lo mismo que los trajes sastres, etc.

Revisa tu ropa interior. Esta es la base del vestido, por lo tanto no dudes en invertir un poco más de dinero y tiempo para comprar lo mejor.

El brassiere de preferencia debe tener varilla ya que será el sostén del busto, debe cubrir todo el seno. No debe apretar ni sacar gorditos por ningún lado. Debe ser de buena calidad y muy femenino. A muchas mujeres les gustan de color beige —natural— pues la lickra blanca se percude, además no se transparenta. Uno negro es necesario si tienes ropa de este color. También debes tener con tirantes intercambiables, por si el vestido es desisado y uno sin tirantes.

La pantaleta ideal es la de corte francés, de pierna alta, debe ajustar pero nunca apretar y no debe señalarse JAMAS debajo de la ropa.

Los fondos o medios fondos no deben mostrarse aunque sean muy bonitos. Estarán cinco centímetros más arriba que la falda y si esta es abierta el fondo también lo será.

Las pantimedias siempre con lickra para que no formen arrugas o se abolsen. Si se rompe debes cambiarla de inmediato. Un consejo: Compra varias del mismo color, si se rompe una pierna, córtala del muslo, cuando suceda con otro par haz lo mismo y ponte las dos piernas aunque te quede el calzón doble, esto te ayudará a ahorrar.

Y por qué no comprar una bonita pijama o un lindo camisón, aunque duermas sola, siente el placer de tus prendas íntimas al descansar.

Comenzarás ahora a formar un guardarropa básico. Con la ropa que tienes, ve poniendo una a una las prendas sobre tu cama y anota lo que te faltaría para completar tu primera cápsula.

Estará formada por tres colores básicos. Si ya conoces tu estación, encontrarás las combinaciones de acuerdo a ella y si no, te servirán de ejemplo de cuatro diferentes combinaciones con los colores que se señalan en las solapas de este libro.

Eso si, tu imaginación se hará cargo de hacerlo crecer con los accesorios diversos que utilices.

Ahora, ¡práctica!

En la siguiente página verás lo que es una cápsula de sólo diez prendas.

Ilumínalas según lo que tienes y compra lo que te haga falta para completarla. En la hoja siguiente podrás leer las combinaciones que puedes hacer, por ejemplo la Núm. 1) 1 + 2 + 6 es igual a saco + falda + blusa (tu eliges los colores).

Guardarropa

Aprendiendo a combinar

Con estos sencillos ejemplos podrás hacer más de treinta combinaciones y verte siempre estupenda y diferente. Podrás planear tu guardarropa de una forma excelente. Usarás tres colores básicos para hacerlo, por ejemplo: Negro, rojo y blanco o en clima cálido rosa, azul y blanco. Ahora que si ya sabes qué estación eres podrás planearlo de acuerdo a tus colores.

Cuida que las texturas sean siempre compatibles, de acuerdo al clima.

Con los accesorios le darás versatilidad y colorido.

Combinaciones

1. 1 + 2 + 6
2. 3 + 2 + 6
3. 2 + 6 + 10
4. 2 + 6 + mascadas
5. 2 + 7 + 1
6. 2 + 7 + 3
7. 2 + 9 + 1
8. 2 + 9 + mascada lisa
9. 2 + 10
10. 1 + 4 + 6
11. 3 + 4 + 6
12. 4 + 6 + 10
13. 4 + 7 + 3
14. 4 + 9 + 1
15. 4 + 9 + mascada lisa
16. 4 + 10

17. 1 + 5 + 6
18. 3 + 5 + 6
19. 5 + 6 + 10
20. 5 + 6 + cinturón y mascada
21. 5 + 7 + 1
22. 5 + 7 + 3
23. 5 + 9 + 1
24. 5 + 9 + mascada cruzada
25. 5 + 10
26. 8 + 6 + 1
27. 8 + 6 + 3
28. 8 + 6 + mascada
29. 8 + 7 + 1
30. 8 + 7 + mascada metálica y accesorios de noche
31. 8 + 7 + tu imaginación

Tendrás dos pares de zapatos de piel, también de colores básicos, por ejemplo negros y blancos marfil, aunque después de las seis de la tarde NUNCA deberás usar blancos a menos que estés en clima cálido y la textura de la ropa lo permita. No te olvides de tener una gran variedad de mascadas, cinturones, collares, aretes, etc., esto será lo que haga la diferencia. Ahora prepárate a verte siempre elegante y bien vestida, goza tu guardarropa y proyecta la imagen que deseas.

Cápsula básica para la mujer invierno

Colores básicos: negro, rojo y blanco.

1.   Saco negro (lino o lana) traje sastre.

2.   Falda negra (lino o lana) traje sastre.

3.   Saco a cuadros o rayas blanco y negro.

4.   Falda blanca (recta o tableada).

5.   Pantalón negro o blanco.

6.   Blusa blanca de seda o poliseda.

7.   Blusa roja de seda o poliseda.

8.   Falda roja (juego de la blusa anterior).

9.   Blusa estampada en tus colores.

10.   Chaleco o suéter cerrado estampado en tus colores.

Zapatos: 2 pares de piel, negros y blanco marfil, unos de tacón alto y otros de tacón medio.

Bolsa: de piel de color negro.

Medias: natural, barley black, negras, soft taupe.

Accesorios: cinturones, mascadas, collares, aretes, pulseras, chales, etc.

Cápsula básica para
la mujer verano

Colores básicos: azul marino, blanco suave y palo de rosa.

1.   Saco azul marino (lino o lana) traje sastre.

2.   Falda azul marino (lino o lana) traje sastre.

3.   Saco a cuadros azul marino y blanco suave.

4.   Falda blanca suave (recta o tableada).

5.   Pantalón blanco suave o azul marino.

6.   Blusa blanca de seda o poliseda.

7.   Blusa palo de rosa de seda o poliseda.

8.   Falda palo de rosa (juego de la blusa anterior).

9.   Blusa estampada en tus colores.

10.   Chaleco o suéter cerrado estampado en tus colores.

Zapatos: 2 pares de piel, azul marino y blanco suave, unos de tacón alto y otros de tacón medio.

Bolsa: de piel azul marino.

Medias: natural, soft taupe, gris, azul marino.

Accesorios: cinturones, mascadas, collares, aretes, pulseras, chales, etc.

Cápsula básica para la mujer otoño

Colores básicos: café, herrumbre, marfil y durazno.

1. Saco café, herrumbre (lino o lana) traje sastre.

2. Falda café, herrumbre (lino o lana) traje sastre.

3. Saco a cuadros café, y marfil.

4. Falda marfil.

5. Pantalón marfil o café, herrumbre.

6. Blusa marfil de seda o poliseda.

7. Blusa durazno de seda o poliseda.

8. Falda durazno (juego de la blusa anterior).

9. Blusa estampada en tus colores.

10. Chaleco o suéter cerrado estampado en tus colores.

Zapatos: 2 pares de piel, café y marfil, unos de tacón alto y otros de tacón medio.

Bolsa: de piel café.

Medias: natural, juvenil, perla.

Accesorios: cinturones, mascadas, collares, aretes, pulseras, chales, etc.

Cápsula básica para la mujer primavera

Colores básicos: camello, blanco perla, salmón.

1. Saco color camello (lino o lana) traje sastre.

2. Falda color camello (lino o lana) traje sastre.

3. Saco a cuadros camello con blanco perla.

4. Falda blanco perla (recta o tableada).

5. Pantalón blanco perla o camello.

6. Blusa blanco perla de seda o poliseda.

7. Blusa salmón de seda o poliseda.

8. Falda salmón (juego de la blusa anterior).

9. Blusa estampada en tus colores.

10. Chaleco o suéter cerrado estampado en tus colores.

Zapatos: 2 pares de piel, camello y blanco perla, unos de tacón alto y otros de tacón medio.

Bolsa: de piel color camello.

Medias: natural, blanco perla, juvenil.

Accesorios: cinturones, mascadas, collares, aretes, pulsera, chales, etc.

Accesorios

En cuestión de accesorios, depende el gusto personal de cada quién. Recuerda que éstos serán tu huella individual, lo que marque la diferencia con cualquier otra persona.

Solamente toma en cuenta:

- Tus proporciones.
- La calidad del accesorio.
- La regla del 14. (Ver página 67.)
- La ocasión.

En seguida encontrarás diversas formas de usar las mascadas (pañuelos): moños, corbatas, blusas, etc.

Existe un video a la venta con más de 33 formas de utilizarlas. (Ver al final del libro dirección de Armonía y Estilo.)

Una mascada...

Es el accesorio más versátil del guardarropa. El puede redefinir tu apariencia y crear estilos que sean elegantes, casuales, profesionales, deportivos o sofisticados.

Las posibilidades son ilimitadas dependiendo sólo de tu habilidad al amarrarla. Por supuesto esto es solo un inicio, usa tu imaginación.

Chal de mariposa

- Dobla una mascada grande cuadrada por la mitad con el revés hacia afuera.

- Anuda las puntas de cada lado.

- Voltéala al derecho y mete los brazos por las aberturas.

En el hombro

- Una mascada grande se dobla a formar un triángulo.

- Colócala sobre el hombro.

- Introdúcela en el cinturón o bien hazle un nudo en la cintura.

Estola

- Una mascada rectangular sobre los hombros darán un toque de elegancia.

Clips para las mascadas

Pechera anudada

1. Toma el centro de una mascada cuadrada por el revés.

2. Haz un nudo cerca de la orilla.

3. Voltea la mascada al derecho y forma un triángulo.

4. Colócala en el cuello y anúdala por detrás.

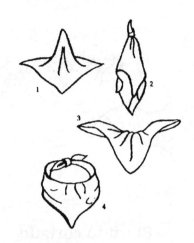

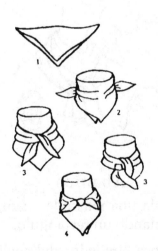

Pechera o cuello drapeado

1. Dobla una mascada formando un triángulo, coloca la punta al frente.

2. Cruza las puntas atrás del cuello.

3. Anúdala al frente usando un nudo ciego.

4. Para el efecto drapeado toma el doblez del centro y pasa sobre el nudo introduciendo las puntas en el escote.

Nudo corredizo

1. Pasa una mascada rectangular alrededor del cuello con una punta más larga que otra, haz un nudo sencillo en la punta más larga.

2. Pasa la otra punta a través del nudo y aprieta ligeramente.

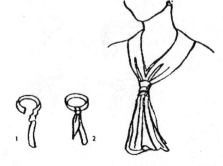

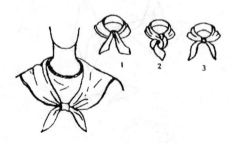

El nudo cuadrado

1. Dobla una mascada cuadrada formando un triángulo, pasa una punta sobre la otra.

2. Pasa la punta superior alrededor y atrás de la otra. Pásala a través y aprieta.

3. El nudo puede quedar al frente, a un lado o a la espalda.

El nudo cortado

1. Dobla una mascada rectangular por la mitad longitudinal y colócala alrededor de tu cuello, introduce ambas puntas a través del doblez central.

2. De otra forma aprieta la mascada a un lado del cuello y forma un moño.

Abanico

1. Dobla una mascada cuadrada formando un rectángulo.

2. Coloca alrededor del cuello y pasa una punta sobre la otra.

3. Para que parezca abanico, haz dobleces de acordeón. Acomoda los dobleces como abanico.

4. Para moño tableado, continúa hasta formar un nudo completo.

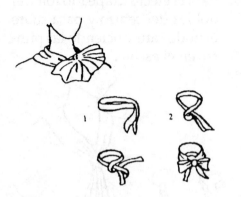

Moño

1. Usa una mascada rectangular cruza una punta sobre la otra, dejando la de arriba ligeramente más larga.

2. Toma la punta inferior y forma una lazada, pasa la punta superior por atrás y alrededor de la inferior.

3. Introduce a través de la lazada de atrás, otra lazada.

4. Aprieta el moño.

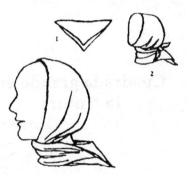

Para la cabeza

1. Dobla una mascada cuadrada a formar un triángulo y póntela en la cabeza. Cruza las puntas al frente, llévalas a la espalda y amárralas sobre la punta.

Otro para la cabeza

Dobla una mascada rectangular con cuerpo, a lo largo.

2. Colócala alrededor de la cabeza, dejando una abertura arriba.

3. Haz un moño al lado, arriba, abajo, hacia atrás... o amarra el moño en una cola de caballo.

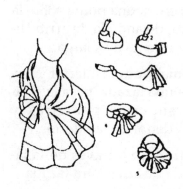

Cubierta tableada

1. Toma una mascada rectangular y haz un nudo simple cerca de la punta.

2. Forma pliegues de acordeón al lado opuesto dejando suficiente mascada entre los pliegues y el nudo para que rodee el cuello.

3. Suelta los pliegues de una mano reteniéndolos con la otra.

4. Coloca la mascada alrededor e introduce la punta tableada en el nudo en dirección ascendente.

5. Aprieta el nudo y coloca las tablas en forma de abanico.

Cuadrada grande en la cintura

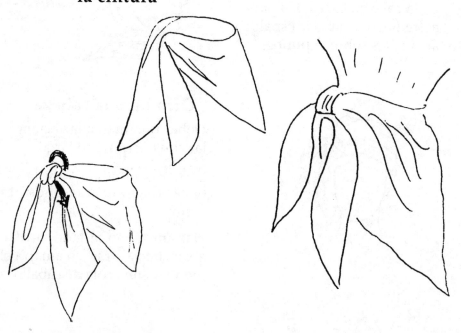

Una blusa más

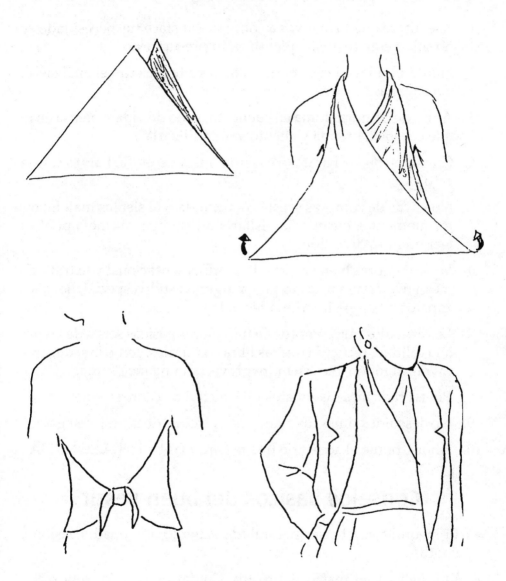

Consejos para comprar mejor y vestir bien

1. Asegúrate que lo que vas a comprar satisface tus necesidades y no solamente tu gusto, piensa en tu presupuesto.

2. Nunca olvides tu cartera de color si ya te hicieron el análisis, el ojo engaña.

3. Antes de comprar toma en cuenta tu estilo de vida y piensa en lo que cuesta la prenda y cuánto vas a utilizarla.

4. Cuidado con las baratas, recuerda que a veces "lo barato cuesta caro".

5. No vayas de compras si estás deprimida o te sientes mal. En estos momentos mejor ve a visitar a una amiga, al cine o ponte a leer un libro divertido.

6. Ve de compras bien vestida. Te sentirás sensacional y te tratarán mejor. De preferencia si vas por algún vestido especial, lleva los zapatos y la ropa interior adecuada.

7. Los artículos que compres de tus colores básicos serán de la más alta calidad, recuerda que las fibras naturales, como la seda, lino, rayón, algodón, etc., siempre proyectan una mejor imagen.

8. Revisa cada mes tus zapatos y llévalos al zapatero si es necesario.

9. No descuides jamás tus manos, son el toque de la mujer elegante.

10. Ahora, ponte el accesorio que te hará más bella: LA SONRISA

Consejos básicos del buen vestir

- El maquillaje debe ser natural, de acuerdo a la edad, ocasión y época.

- El cabello es el marco del rostro. Cuídalo y córtalo cada seis u ocho semanas, cepíllalo todos los días.

Invierno

Agradecimiento a Tiendas de Ropa JULIO

Verano

Agradecimiento a Tiendas de Ropa JULIO

Otoño

Agradecimiento a Tiendas de Ropa JULIO

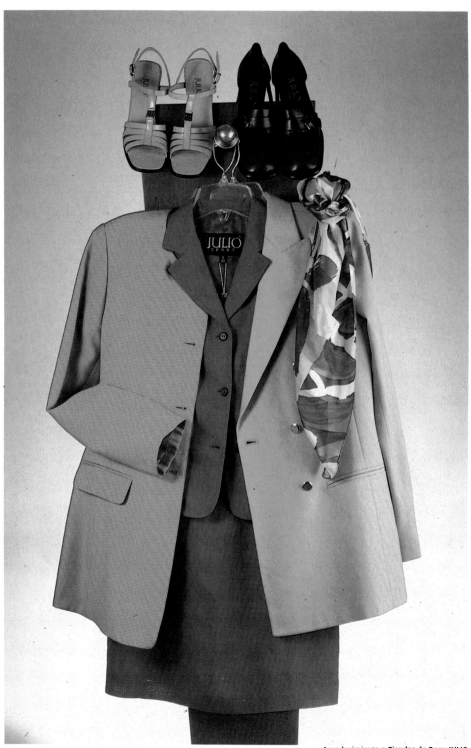

Primavera

Agradecimiento a Tiendas de Ropa JULIO

- Las medias deben usarse en cualquier ocasión (salvo en lugares de mucho calor y fuera del trabajo) con faldas o pantalones, delgadas en el verano, más gruesas para el invierno. Deben ser más claras o al color de los zapatos, negras solo con zapatos negros.

- Los zapatos de charol son de invierno y época de lluvia. Para fiesta de noche: en verano de raso y en invierno de ante o terciopelo. Debes revisarlos y enviarlos al zapatero si es necesario.

- La bolsa de asa larga debe llegar al doblez de la pierna (la ingle) y no ser más grande que tu proporción.

- Antes de salir, mírate al espejo de cuerpo entero y está segura de que la imagen que proyectas es exactamente la que tú deseas.

Cuando arregles tu clóset...

Por la experiencia hemos visto que después del análisis de color, tardamos aproximadamente dos años en tener el guardarropa casi totalmente en nuestros colores, ya que a partir de hoy todo lo que compremos será de los mismos, pero de momento haremos un plan para comenzar a mejorar lo que ya tenemos.

1. Esta es la ocasión para arreglar el clóset. Podremos inclusive pintarlo si es necesario.

2. Saca todo lo que tienes. Elimina todo lo que no te gusta, esté pasado de moda o muy usado, lo que no es de tu talla o no te hace sentir muy bien y lo que no es de buena calidad y sepáralo como lo leíste en páginas anteriores.

3. Piensa cuál es tu estilo de vida y cuáles son tus actividades, para que separes la ropa de acuerdo a ellas: deportes, descanso, trabajo, fiestas, etc.

4. Adquiere ganchos múltiples para blusas, pantalones y faldas, ahorran mucho espacio. Trata de tener todo a la vista, de otra forma hay prendas que se olvidan.

5. No compres sin pensar. Recuerda muy bien lo que tienes para que todo combine con todo.

La meta al arreglar el clóset y renovar tu guardarropa debe ser tenerlo de calidad y funcional, con piezas intercambiables entre sí, que combinen y te hagan ver siempre diferente. Si estás bien vestida, esto ayudará a aumentar la confianza en ti misma.

Debes revisar el dobladillo, los botones o broches, el cierre y cuidar que no haya ninguna mancha, para que todo esté siempre en perfecto estado.

Regla del 14

Accesorios	Descripción	Puntos
Vestido o traje	Negro, café, azul marino	1
Vestido o traje	Gris, beige, blanco	2
Vestido o traje	Color brillante	3
Vestido o traje	Cuadros, estampados, tweed	4
Saco	Liso	1
Saco	Con adornos o botones	3
Blusa	Color contrastante	2
Blusa	Con botones o adornos	3
Sombrero	Con flores	3
Sombrero	Liso	1
Guantes	Liso (noche o invierno)	1
Guantes	Dos colores (noche o invierno)	2
Zapatos	Zapatilla lisa	1
Zapatos	Con adornos	2
Reloj	Sencillo	1
Reloj	Con adornos	2
Pulsera	Cadenitas similares	1
Pulsera	Brazalete grande	2
Collar o cadena	Sencillo	1
Collar	Con varias cadenas	3
Anillos	Por pieza	1
Anillos de boda	Grupo de compromiso y argolla	1
Aretes	Chicos, lisos	1
Aretes	Grandes con adornos	2
Prendedor	Con perlas o piedras	2
Prendedor	Pequeño	1
Mascadas	Lisas o estampadas	2
Adorno en el cabello	Moño o flores	1
Anteojos	Por prescripción	1

La bolsa y los lentes obscuros no se cuentan, ya que son prendas que se quitan continuamente. Recuerda de no ponerte estos últimos en lugares cerrados o cuando hablas con otra persona.

De seis a nueve piezas es equilibrado, sobrio y elegante.

De diez a catorce piezas es equilibrado, elegante y máximo.

De quince en adelante es recargado, hay que eliminar.

De esta forma nunca te pasarás, si eso sucede, pregúntate: ¿qué me quito?

4

Comportamiento adecuado en la vida diaria y en los negocios

Aunque en la actualidad se han relajado bastante ciertas costumbres y reglas, no podemos negar que los buenos modales y la fineza de las personas nos agrada a la mayoría. Hay personas que nacen en un ambiente en el que se llevan a cabo todos los cánones, pero esto no impide que todos podamos aprender las reglas del buen comportamiento, mismas que tienen orígenes muy antiguos.

Cuando una persona trabaja en contacto con el público, es no sólo una necesidad sino una obligación el saber por lo menos las generalidades de la etiqueta y el buen comportamiento, es por eso que he escrito este libro, recopilando datos y tratando de explicar estas formas de la manera más sencilla para poder ponerlo en práctica en todo momento.

A continuación encontrarás tanto las reglas del protocolo como los detalles más sencillos de como recibir en casa. Conocerás también de donde vienen los vinos y como y con qué se sirven.

Comprobarás qué fácil y agradable resulta todo esto, ahora sólo te falta

Ponerlo en práctica

La cortesía

La vida, por breve que sea, nos deja siempre tiempo para la cortesía.

Huye de las gentes que te dicen: "Yo no tengo tiempo para gastarlo en etiquetas". Su trato te rebajaría. Estas gentes están más cerca de la animalidad que las otras. ¡Qué digo! La animalidad se ofendería. El perro jamás te dejará entrar sin hacerte fiestas con la cola, el gato mimoso y elástico, en cuanto te vea irá a frotarse contra ti. El pájaro parecerá escuchar con gracioso movimiento de cabeza lo que le dices, y si percibe en el metal de tu voz la cariñosa inflexión que el conoce, romperá a cantar.

La cortesía es el más exquisito perfume de la vida y tiene tal nobleza y generosidad que todos la podemos dar; hasta aquellos que nada poseen en el mundo, *El Señor de las Cortesías* les concede el gracioso privilegio de otorgarla.

¿En qué abismo de pobreza, no puede caber la amable divinidad de la sonrisa, de una palabra suave, de un apretón de manos?

La Caridad, opulenta o humilde, lleva siempre el ropaje de la cortesía y la santidad más alta no podemos imaginarla sino infinitamente cortés.

Amado Nervo
Extracto

Saludos y presentaciones

El inicio de las relaciones siempre es con un saludo o una presentación, por lo cual debemos poner especial atención al hacerlos.

Los hombres deben ser presentados a las mujeres, si se trata de dos personas del mismo sexo se presentará el más joven al mayor. Si el varón está sentado, deberá levantarse de inmediato al serle presentada cualquier persona. Cuando presentamos a alguien diremos el nombre y si es posible el primer apellido. Trataremos de hablar claro y no entredientes para que nos escuchen, podemos usar frases como: Sr. X le presento a la Sra. F y como respuesta podría ser: Mucho gusto, encantado(a), es un placer, etcétera. Debemos acompañarlo de una sonrisa, un apretón de mano y una firme mirada.

El saludo de manos debe ser breve y firme, no hay que apretar demasiado, columpiarla, tardarla, dar solo la punta de los dedos, cruzarla, etc., será toda la mano.

El varón no debe tender la mano a una mujer, a un superior o a una persona mayor, sino esperar a que ellos lo hagan.

En otros tiempos se uso el beso en el dorso de la mano femenina, pero es una costumbre ya rara y más bien en desuso. Ahora se estila mucho el saludo con un beso, pero realmente es una práctica que debe ser sólo con personas de confianza.

El hablar de usted siempre significará respeto y cortesía. Debemos evitar el tuteo si la persona con la que hablamos no lo solicita. Entre amigos, colegas o personas de la misma edad está permitido.

Trataremos de no usar diminutivos, expresiones que puedan molestar a alguna persona en un momento dado como: mi reina, mi amor, gordita, chula, nena, etc., ya que estas expresiones sólo se hacen con personas muy allegadas.

Al entrar o salir de cualquier lugar: oficina, recepción, elevador, etc., diremos buenos días, tardes o noches, creando así un ambiente grato, aunque tal vez a los demás les llegue a parecer extraño.

Algo muy importante es mirar a las personas a la cara y si es posible a los ojos cuando les saludemos o bien nos despidamos.

Al retirarnos de un grupo no es necesario despedirse uno por uno, podremos hacer una "cordial despedida" general.

Recordaremos que el saludo no se le niega jamás a nadie, que la amabilidad y cortesía debe comenzar en casa y que en cualquier lugar, sin rango ni jerarquía debemos saludar.

Aprender a escuchar

Al escuchar a los demás demostramos respeto e interés por las personas. Les damos la oportunidad de decir sus ideas y así los conocemos, al mismo tiempo nos enriquecemos. Debemos ser atentos, amables y comprensivos; trataremos de vernos a los ojos y no a otros lados, no debemos estar indiferentes o inquietos, ni viendo el reloj o interrumpir para cortar la conversación. Expresaremos nuestro interés con gestos, miradas amables, exclamaciones y breves observaciones. No interrumpiremos a menos que sea necesario para que nos expliquen algo con más claridad.

En la asistencia a una conferencia, trataremos de estar atentos al orador; si nos aburre disimularemos y trataremos de cambiar la postura. No se debe estar moviendo las piernas, las manos ni algún objeto (pluma, lápiz, papel, etc.) que pueda distraerlo. Si deseas hacer preguntas, seguiremos las reglas impuestas, pues en algunos casos está permitido levantar la mano e interrumpir, pero en otros esto se reserva para el final.

La comunicación es muy importante, y no debemos hacer monólogos ni acaparar la conversación, trataremos de que haya diálogos y tener conversaciones gratas que interesen a los demás. Se evitarán risas burlonas, carcajadas o sarcasmos, las palabras vulgares o altisonantes, NUNCA en ningún momento están permitidas al igual que los apodos, las bromas y los chistes de doble sentido.

"Con la forma de escuchar y hablar damos a conocer gran parte de nuestra personalidad."

Puntos básicos para la buena educación

Puntualidad

*"El tiempo es mi vida y quién no respeta mi tiempo,
no respeta mi vida."*

El ser puntual es virtud de "caballeros". Tan mal hace alguien en llegar tarde, como en adelantarse a cualquier cita. Es de vital importancia tomar las precauciones necesarias para cualquier imprevisto y tratar de llegar diez minutos antes a cada cita.

Si la persona no llega, esperaremos solamente quince minutos ya que debemos demostrar el valor de nuestro tiempo.

Si por algún motivo vamos a retrasarnos o no podremos asistir a la cita deberemos avisar cuanto antes.

Si tenemos un reloj con alarma, tendremos cuidado de no hacerlo sonar cuando estemos en una reunión.

Tabaco

No se debe fumar en lugares cerrados. Si en el grupo hay quien no fuma, evitaremos hacerlo y saldremos a otro sitio. Cuidaremos de no regar la ceniza o utilizar cualquier cosa en lugar de cenicero, así como pisar el cigarrillo. Se solicitará un cenicero en caso de ser necesario. Al abrir la cajetilla ofreceremos a los demás por cortesía, por si alguien desea fumar. Nunca se fuma a la hora de la comida, ni a la mitad. Si acaso se hace, será una vez que todos han terminado preguntando si no les molesta sinceramente.

Escritura

Recordemos que por ésta se conoce nuestra cultura y fineza. Por lo tanto, lo haremos siempre en un papel blanco y tal vez membretado. Si la carta es formal o de negocios, se hará a máquina y con las reglas a seguir. Si es un agradecimiento o felicitación y tenemos buena letra, lo mejor será hacerlo a mano, con una buena pluma y con el papel más adecuado según la persona que lo escribe y a quién se le envía.

Es muy conveniente tener tarjetas con nuestro nombre. Si se utilizarán para agradecimientos o para enviar regalos, llevarán grabado solamente el nombre. Si son de presentación, estará el nombre, la dirección, el teléfono y el giro y logotipo de la empresa que representamos.

Visitas en un hospital

Estas deben ser breves y silenciosas. Recuerda que son enfermos los que ahí están. Debes ser prudente en lo que conversas y en las preguntas que haces. NO FUMAR, ya que esto contamina el hospital y hace más lenta cualquier recuperación.

Si llevas un regalo trata de que sea apropiado pues algunas veces cometemos errores como "llevar una caja de chocolates a un enfermo del estómago".

Teléfono

"El teléfono se hizo para acortar distancias, no para alargar conversaciones" dice un refrán. Esto es cierto, no solo por el costo económico por pagar, sino porque podemos perder grandes negocios por una llamada que no puede recibirse por estar ocupado o bien porque se contesta mal. Cuando hablamos por teléfono expresamos nuestro estado de ánimo y transmitimos a la persona que está en la línea opuesta lo que estamos sintiendo. Es muy conveniente sonreír todo el tiempo, escuchar con atención y contestar con una buena dicción. Es importante identificarnos al contestar, decir el nombre de la empresa y algo como "gracias por llamar", "buenos días", etc.

Cuando alguien llega y estamos al teléfono, decimos un momento a la persona que está presente y tratamos de cortar lo más pronto para atenderla. Hay que tomar nota de todas las llamadas que se reciben y un control de las que salen.

Teléfono celular

Ahora es imprescindible, pero para llamadas de emergencia. Es de muy mal gusto estar con otra persona y ponerse a hablar en el, ponerlo sobre la mesa y hacer lo mismo cuando estamos con un grupo. En este caso debemos pedir disculpas, levantarnos y atender el asunto en privado. Debe mantenerse siempre apagado cuando entramos a cualquier evento público: teatro, cine, templo, etc.

Hay que tener mucho cuidado al usarlo en el automóvil, ya que puede causar accidentes.

Expresión corporal

La seguridad en uno mismo se demuestra a cada momento. Las actitudes mentales se reflejan en gran parte en las expresiones de nuestro cuerpo.

A través de las posturas que adoptamos en cada momento nos damos a conocer. En ellas expresamos de forma más real mucho de nuestro carácter.

El cuerpo debe estar erguido, cuidando desde los hombros, pasando por las rodillas hasta llegar a los pies, que estarán ligeramente separados de las puntas.

Estando de pie nunca nos apoyaremos en la pared o los muebles. Los brazos deberán estar al caer del cuerpo, no cruzados ni con las manos dentro de las bolsas.

Las manos deberán estar quietas, pues el estarlas moviendo indica nerviosismo. Nunca se estiran los brazos en señal de flojera. Al estar sentado, se tendrá la espalda recta, apoyada en el respaldo, las piernas en ángulo recto (el cruzarlas es malo para la circulación). No se columpiarán los pies, ni las sillas, ni se ponen los pies en el travesaño. Tampoco se deben estirar las piernas o hacerlas nudo.

Al sentarnos no nos dejaremos caer como si estuviéramos cansados. Las manos estarán sobre el regazo y se evitará jugar con cualquier objeto o llevarlas a la nariz o al pelo.

Al sentarnos o levantarnos debemos mover la silla sin hacer ruido ni arrastrarla.

Un caballero siempre ayuda a la dama con la silla al momento de sentarse.

El caballero cederá siempre el asiento a la dama, a menos que éste sea mucho mayor que ella o bien esté enfermo.

Al caminar trataremos de hacerlo con la cabeza en alto, viendo al frente, los hombros rectos pero sin echarlos hacia atrás, los pies ligeramente hacia afuera y apoyando el talón en el suelo sin arrastrarlos. No se deben abrir mucho las piernas al caminar, lo ideal es pensar que existe una raya y que cada pie va a un lado de la misma, uno primero y otro después.

Los brazos y las manos a los lados de una forma natural sin que se vean desgarbados.

Hay que evitar el caminar muy lento así como correr.

Al subir la escalera se apoya todo el pie en cada escalón y nunca se hace "de dos en dos".

Es muy importante que en la expresión corporal el varón tenga siempre actitudes altamente varoniles, así como las damas serán siempre extraordinariamente femeninas.

La bolsa en el caso de las damas, irá al hombro colgando o bien bajo el brazo.

El portafolios lo llevaremos en la mano, éste siempre nos dará la categoría de ejecutivos.

Guardarropa para una celebración

Es muy importante que al recibir una invitación antes que nada se confirme nuestra asistencia o avisar si no podremos ir cuando menos quince días antes del evento.

La mayoría de las veces los boletos traen unas letras: RSVP que significan en francés: *Repondez si´l vous plait*, Responda por favor. Los anfitriones necesitan saber con cuantas personas cuentan y es muy desagradable que ellos tengan que estarnos llamando para saber si asistiremos. Resulta en muchas ocasiones que se quedan los lugares vacíos y personas sin invitar por la falta de educación de quien no avisa oportunamente.

Sabremos también como ir vestidos acuerdo a lo que diga el boleto:

Etiqueta rigurosa

El varón llevará smoking y la dama de vestido largo.

Etiqueta

Traje obscuro para el varón y vestido de largo o corto formal la dama.

Casual

De traje claro o combinación el varón y la dama con vestido o traje sastre ligero de acuerdo a la temporada.

Informal

El varón con chamarra o saco sport y la dama con vestido de calle.

Para una ceremonia en jardín al medio día el varón puede llevar saco blanco con pantalón negro o azul marino obscuro o bien un traje claro, la mujer un vestido elegante de tela de acuerdo a la temporada pero nunca demasiado escotado ni en tela brillante. Puede usar sombrero.

El frack y el jaque para los caballeros se usan solamente en etiqueta rigurosa y en México lo llevan solo el novio y los papás o padrinos en una boda. El primero es negro y se usa de noche, el segundo es gris obscuro combinado con el pantalón a rayas y se usa en una ceremonia de día o tarde. La camisa siempre será blanca.

Smoking

El smoking es una prenda muy elegante que se usa en cualquier ocasión de etiqueta. Este es negro de lana 100% y lleva el saco solapas y botones en raso al igual que el pantalón una raya lateral.

La camisa es blanca con algunas alforzas al frente y tiene el cuello duro llamado "de palomita". Se usa corbata de moño al igual que una faja también en raso negro. Algunas veces los jóvenes utilizan esto último en color vino o con algún estampado. Los botones van aparte y son negros haciendo juego con las mancuernillas. Los zapatos son de charol. Los calcetines negros delgados.

5

Etiqueta

La palabra etiqueta es sinónimo de protocolo y se utiliza para marcar los cánones o reglas de la buena educación según la sociedad y la tradición.

Esto abarca todo lo que se refiere al respeto de si mismo y de los demás, ya que si sabemos seguir estas reglas podremos convivir sin ofender a nadie y por el contrario mantendremos una armonía total.

Todo lo que has leído anteriormente se refiere a la imagen física y la expresión corporal, lo que verás a continuación corresponde al comportamiento básicamente en la mesa y las reuniones y eventos donde hay alimentos.

Estoy segura de que recordarás situaciones en las que no has sabido comportarte simplemente por desconocimiento de estas reglas básicas.

A continuación encontrarás de una forma sencilla la explicación de cada elemento que te ayudará a no volver a pasar ningún apuro.

Algunas reglas generales para recibir en casa y comportarse en la mesa

Lo más importante de una fiesta es el cariño y el calor que se perciba de los anfitriones, por lo que se deberán abrir junto con las puertas de la casa, las puertas del corazón.

Debemos pensar en los invitados y por ello tratar de que tengan algunos intereses en común.

Hacer grupos no muy grandes, estarán mejor atendidos, a menos que sea un brindis o cóctel donde se puede recibir con comodidad a más personas.

Se sugiere no dar menús exóticos o irritantes y balancear los alimentos. No experimentar platillos nuevos.

Es bueno llevar un récord de lo que damos a cada grupo para evitar repeticiones.

Con tiempo poner la mesa, flores frescas, cigarros disponibles (ojalá nadie fumara pero no es así).

Lugares asignados en la mesa

Al pasar a la mesa se dará preferencia a las personas de más respeto, edad y a las damas, seguidas por la anfitriona. Ella deberá indicar los lugares.

En una mesa rectangular, los anfitriones irán en las cabeceras, el invitado de honor, de mayor edad o jerarquía a la derecha del anfitrión y la esposa a la derecha de la anfitriona; aquí se vale separar a los matrimonios. Después continuarán alternados varón-dama, varón-dama en orden descendente.

En los dibujos a continuación se podrá apreciar mejor el orden de las posiciones que deben ocupar en la mesa los invitados, tomándose en cuenta la letra V como varón y la D como dama.

El caballero ayuda de pie a la dama de su derecha a sentarse.

El servicio empezará por la dama que se encuentre a la derecha del anfitrión, después todas las damas y al final los caballeros.

Si alguien llega tarde estando ya sentados, no se levantará nadie, ni el saludará de mano, sino en general.

Al sentarse, no quedar muy cerca ni muy retirado de la mesa.

La servilleta debe colocarse sobre las piernas.

Recuerda que el protocolo cambia algunas veces de acuerdo a los países, por lo tanto si tienes invitados extranjeros y te surge alguna duda, acude a la Embajada o bien a Relaciones Exteriores para pedir información.

Una vez que todos están sentados, es la anfitriona quien dirige a los meseros y quien comienza a comer; será la última en terminar, lo hará al ritmo de los comensales y tratará de levantarse lo menos posible.

Al final de la comida o cena, la anfitriona no deberá romper el encanto de una animada conversación levantándose o poniéndose a recoger. Los postres, el café y los licores pueden servirse en la mesa, que deberá estar limpia y sin ningún plato anterior. Se sirve en una charola que llevará las tazas con los platitos y cucharitas correspondientes, cremera y azucarera que pueden hacer juego o no, siendo de plata o algún cristal fino. La cucharita o pinzas para el azúcar según lo requiera y una jarra con agua caliente o bien la cafetera con el café ya preparado, o bien el descafeinado en una cafetera pequeña. Puede ofrecer también té.

Los licores se pasarán también en una charola, pueden ser varios y se pondrán las copas correspondientes en la misma, para que los invitados puedan elegir.

Se sugiere dar unas mentitas o chocolatines de menta.

Si hay una conversación demasiado álgida, que se desee interrumpir es el momento mas conveniente para pasar a la sala a la "sobremesa" y además para que se pueda recoger la mesa.

No olvides que al marcharse los invitados se les deberá acompañar hasta la puerta para despedirlos.

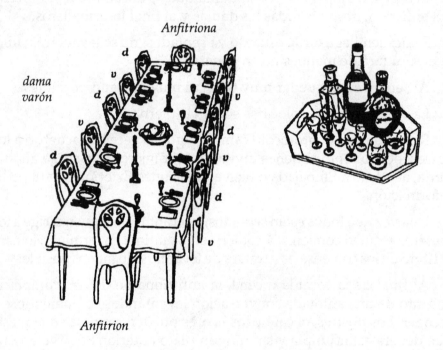

Anfitriona

dama varón

Anfitrion

Cómo arreglar una mesa

Desde luego hay muchas formas de arreglar una mesa, dependiendo de la imaginación de la anfitriona y de los invitados que se recibirán, lo mismo que de la ocasión. Se sugiere que si los invitados son más de doce, se sirva buffet.

Se usará un mantel que combine con la vajilla, de preferencia blanco o color crudo liso y/o con algún bordado y un bajomantel de color. Antes de éste siempre va una base de fieltro o molletón, para protección de la mesa y dar más cuerpo al mantel. Se pone al centro un arreglo floral procurando que no sea más alto que las copas. Este se puede sustituir por un bonito frutero con frutas de la estación, —esto solo en desayuno o comida—; las flores o frutas deben ser naturales de preferencia, hay que evitar las artificiales. Estos deben ser sencillos.

Entre una persona y otra debe existir un espacio mínimo de sesenta centímetros, para que puedan actuar con comodidad. La anfitriona puede colocar una tarjetita con el nombre de cada persona en el que será su lugar.

Los ceniceros deben ser pequeños. En ocasiones algunas personas tienen el mal gusto de fumar antes de terminar la comida, la anfitriona sabrá quienes son. Lo correcto es que al terminar la comida se retire el plato de pan y en su lugar se coloque un cenicero para cada dos personas.

Los palilleros nunca se ponen en la mesa, si en el baño de visitas.

El mantel individual se puede usar si son pocas personas y es informal o bien si queremos lucir una bonita mesa de marquetería o cristal.

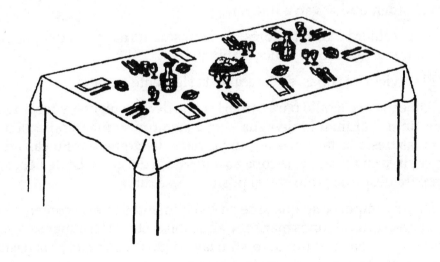

El servicio en cada lugar

El servicio por persona se compone de: un plato base que puede ser de plata, plateado, cobre o mimbre según la ocasión; un plato grande extendido, para la carne o plato fuerte, encima otro plato extendido para crepas o sopa seca; sobre éste se colocará el plato sopero o bien uno más pequeño para el entremés, el cóctel o el consomé. Si la sopa es espesa, el plato es semiplano, poco hondo, si es caldosa (con verdura, gazpacho, consomé) se sirve en un tazón que tiene dos asas: con la cuchara se come lo consistente y el líquido se puede beber.

Las servilletas se colocan a la izquierda, dobladas y en algunas ocasiones se puede hacer de ellas un adorno (véanse dibujos y explicaciones en las páginas siguientes).

Al frente y a la izquierda se coloca un pequeño plato para el pan, con un trocito de mantequilla y el cuchillo correspondiente, se pueden poner unos palitos de queso o galletitas. Si el espacio de la mesa es pequeño se puede prescindir de éste y poner una panera al centro.

Los cubiertos se colocan en el siguiente orden:

A la derecha la cuchara sopera, cuchillos con el filo hacia adentro y en el orden que se van a utilizar.

A la izquierda los tenedores, de la misma forma y los del postre irán al frente. (Como lo indica el dibujo.)

El servicio de copas, se coloca de la siguiente manera:

Alineada al cuchillo para carne, la copa de vino blanco, enseguida la de tinto y al final la de agua —que siempre se mantendrá llena hasta las tres cuartas partes—, todas hacia la izquierda. En caso de que se sirva champagne, la copa va antes de la del agua. La de licor se deja para después, junto con el postre (véase dibujo).

Es muy importante que si se sirven alimentos que se comen con las manos, como algunos mariscos, alcachofas, etc., al terminar se pase un plato pequeño con un cío (platito lava dedos), con agua tibia hasta la mitad y una rodaja de limón o una flor natural. Se secará con la servilleta y el mesero le dará una limpia (véase dibujo).

Si el sabor del entremés es muy fuerte, se servirá antes del siguiente platillo una bola de nieve de limón en una copa pequeña, llamada sherbert (sorbete), para suavizar el sabor y poder degustar el platillo siguiente.

Los saleros se pondrán individuales o uno para cada dos personas.

El cambio de platos deberá hacerse de uno en uno. Lo mejor es que haya personal de servicio para que la anfitriona pueda disfrutar de sus invitados.

Al terminar la comida, después del postre, lo mejor es pasar a la sala a tomar el café, las tazas se llevarán ya servidas, en una charola, donde estará el azúcar y la crema. Es de buen gusto que la anfitriona lo sirva y ofrezca unas mentitas. Los licores (vinos digestivos) los ofrecerá en estos momentos el mesero.

En tiempo de Navidad o algún evento especial como boda, bautizo, primera comunión, etc., se pondrán adornos alusivos al festejo.

Varios tipos de servicio

Los cubiertos

Estos se identifican por su tamaño y se clasifican de la siguiente forma:

TENEDOR STANDARD O DE MESA: Es de uso diario para todas las comidas, carnes, aves y verduras. Es de tamaño mediano.

TENEDOR PARA OSTRAS O CAMARONES EN COCTEL: Es un tenedor pequeño, delgadito. Casi siempre se pone en el platito del cóctel.

TENEDOR PARA PESCADO: Es de tres dientes o bien con unas muescas a los lados.

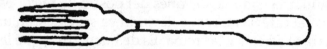

TENEDOR PARA ENSALADA: Es de la misma forma que el de uso diario, pero más pequeño o bien con sólo tres dientes.

TENEDOR PARA PASTEL: Es casi igual que el de ensaladas, más pequeño.

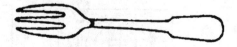

TENEDOR PARA CARACOLES: Es pequeño, con sólo dos dientes, para facilitar comerlos. Se acompañan de una pinza para sostenerlos.

TENEDOR PARA LANGOSTA: Es un poco más grande que el del cóctel, pero más pequeño que el de ensalada, cuando esta se sirve con piel, se da aparte del tenedor una pinza especial.

CUCHARA SOPERA: Se le da este nombre porque su uso es exclusivo para la sopa, es de forma ovalada.

CUCHARA PARA CONSOME: Es igual de tamaño que las anteriores, pero redonda.

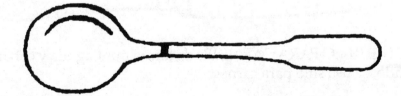

CUCHARA PARA POSTRE: Casi siempre se le llama cucharita o cucharilla, pues es igual a la sopera pero más pequeña.

CUCHARA PARA CAFE: Es de la misma forma que la anterior pero bastante más pequeña, para el exprés se usará la de té.

CUCHARA PARA TE: Es igual a la de café pero mucho más pequeña.

CUCHARA MEZCLADORA, PARA HELADO: Es de forma alargada y pequeña, el mango es mucho más largo que las anteriores.

CUCHILLO STANDARD O DE MESA: Tiene poco filo, se coloca junto al plato, con el filo hacia adentro, y se usa con cualquier alimento.

CUCHILLO PARA CARNE: Es de forma puntiaguda y con filo en un lado, se usa solo para carnes.

CUCHILLO PARA FRUTA: Es igual que los anteriores, pero más pequeño.

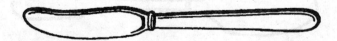

CUCHILLO PARA PESCADO: Este es de forma diferente y sin filo. Hay de dos tipos (véase dibujo) Uno es como pala y otro con una muesca. No se usa para partir, sólo para separar espinas y piel

CUCHILLO PARA MANTEQUILLA: Es de forma redondeada y muy pequeño, casi siempre se coloca en el plato del pan, debe ser individual. Se utiliza cuando se sirven patés o mousse, para untar. Pertenece ya a los cubiertos de servicio.

Los cubiertos se ponen en la mesa de acuerdo al menú, comenzando de afuera hacia adentro, según se van a utilizar. Los tenedores a la izquierda y lo demás a la derecha.

Cubiertos para servir

El tenedor es más grande y con tres dientes. Hay otro que es largo y sólo con dos dientes, éste es para aves y carnes.

Los cuchillos son también más grandes y largos, lo mismo que filosos.

Para pasteles y pescados son las palas.

Para las ensaladas se utiliza un tenedor y una cuchara grande normalmente calada.

Existe una pala parecida a un cepillo, es para servir algunas pastas.

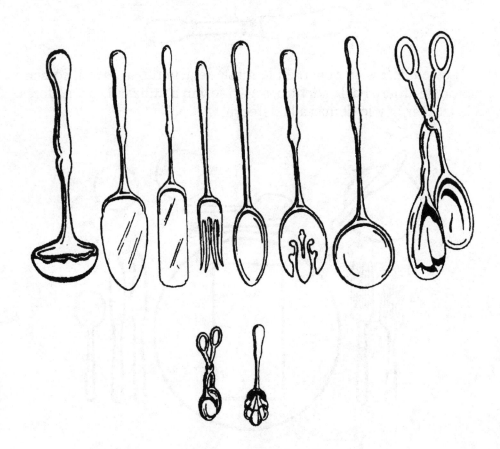

Copas y cristalería

La cristalería actualmente existe en gran variedad de materiales, diseños y costos. Puedes encontrar copas en vidrio transparente, tallado, liso, en vidrio soplado, cristal cortado, etc. y las usarás de acuerdo a tu vajilla y ocasión.

Hay cristalería fina muy famosa que puedes obtener para grandes ocasiones y las más conocidas son de procedencia y nombre según la siguiente lista:

Cristal Alemán   Bergum
Cristal Belga   Val Saint Lambert
Cristal Checoslovaco   Bohemia
Cristal Estadounidense   Tiffany
Cristal Francés   Bacarat, D'argental, Lilac
Cristal Italiano   Murano
Cristal Mexicano   Vidrio Soplado

En los juegos normalmente se incluyen las siguientes:

La de mayor tamaño   para agua
La que sigue   para vino tinto o rosado
La que sigue   para vino blanco
La más pequeña   para licor
(ver dibujos a continuación).

Agua

Vino

Para champagne puede ser la tradicional de medio círculo o la de flauta.

Todas tienen un tallo largo para tomarlas de ahí y que el vino no se caliente, con excepción de la de brandy o cognac que es más corto.

En Austria existe una más grande que la de agua, para el vino tinto de Burdeos.

Agua   *Vino tinto*   *Vino blanco*   *Licor*   *Champagne*

Forma correcta de usar los cubiertos

En el estilo americano el tenedor pasa a la mano derecha después de cortar con el cuchillo y en el europeo puede usarse la mano izquierda, (véase dibujo).

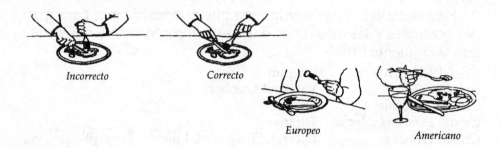

Incorrecto *Correcto*

Europeo *Americano*

Al terminar la sopa, la cuchara se deja en el plato inferior, no dentro del mismo, ya que esto indicará que no hemos terminado (véase dibujo).

La cucharilla del café se deja sobre el plato.

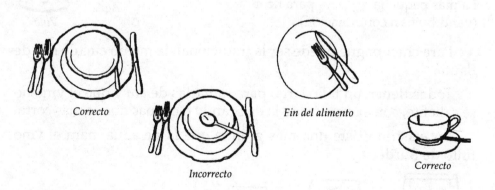

Correcto *Fin del alimento*

Incorrecto *Correcto*

Cómo y con qué comer los alimentos

CON LAS MANOS

Pan, galletas, tostadas, chicharrón, tacos, bocadillos, canapés, alcachofas, espárragos, sandwiches, hamburguesas, hot dogs, papas fritas, pizza. Algunas frutas como mandarinas, uvas, cerezas, naranjas en gajos, ciruelas, chabacanos. Después se presentará un cío, (lavadedos). (Véanse dibujos.)

MANOS Y TENEDOR Y PINZAS

Langosta, ostras, almejas y camarón sin pelar duraznos, manzanas y peras. Después se presentará un cío, (lavadedos). (Véanse dibujos.)

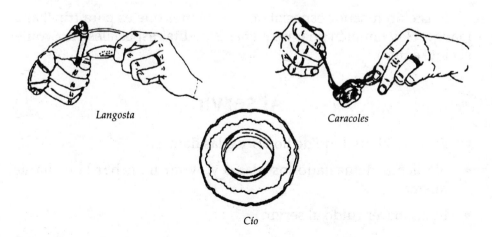

Langosta

Caracoles

Cío

TENEDORES

Huevos cocidos y de cualquier forma, arroz, verduras, pastas, pescados, carnes suaves deshuesadas, alimentos gratinados, purés y papas cocidas, así como frutas partidas: melón, sandía, plátano. Pasteles y merengues.

TENEDOR Y CUCHARA

Spaguetti, Fettuccini y Linguini

TENEDOR Y CUCHILLO

Carnes, aves, pescado entero.

CUCHARA

Cremas, sopas, cereales con leche y cualquier alimento caldoso.

CUCHARILLA

Toronja, mango con cáscara rebanado, medio melón con cáscara o en perlas, gelatina, flan, helados y postres como pudín y fruta en almíbar.

CUCHILLO

Con sierra para carnes. El especial para patés, mantequilla y pescado.

Existe un tenedor especial de tres dientes que es para trinchar el mango. Hay también unas pequeñas espaditas especiales para comer el elote entero.

Al servir

- Primero al invitado de honor y a las damas.
- No llenar demasiado los platos y evitar manchar la orilla del mismo.
- Evitar hacer ruido al servir.

- No insistir al ofrecer un platillo.

- Al servir el vino, no levantar la copa de la mesa.

- Si no hay servicio, tener un carrito cerca de la anfitriona para tener todo cerca y evitar estarse levantando.

- La copa de agua deberá estar llena todo el tiempo 3/4 partes.

Al comer

- Si introducimos un bocado caliente, simplemente entreabrimos un poco la boca, tapándola con una servilleta.

- No debemos mezclar toda la comida ni cortar toda la carne, solamente la que vamos a comer en el momento.

- Las espinas del pescado, huesos de aceitunas, etc., se colocan discretamente con el tenedor en el borde superior izquierdo del plato.

- El cuchillo se usa de nosotros hacia afuera para empujar la comida. (Véase dibujo.)

- Cualquier alimento de consistencia que se caiga fuera del plato, debemos recogerlo discretamente, sin decir nada, con la cucharilla del postre.

- Cuando se derrama un líquido, colocamos una servilleta encima para evitar que se riegue.

- Si necesitamos algo que está lejos de nosotros, es mejor pedirlo.

- Los codos siempre fuera de la mesa. La mano que no estamos utilizando se coloca sobre el regazo o al lado izquierdo del plato.

- Debemos masticar los alimentos con la boca cerrada y en silencio.

- Comer pequeños bocados, por si hay que contestar algo durante la comida.

- Del pan, partiremos con la mano el pedazo que vamos a comer, al que se le untará la mantequilla.

- Si deseas volver a comer de algún platillo en especial, debes esperar a que la anfitriona te pregunte; al dar tu plato para que te sirvan de nuevo, debes colocar el cubierto que has estado usando al lado derecho del plato, sobre el mantel.

- Si se cae algún cubierto al piso, no lo recojas o uses.

- Nunca se utilizan los palillos de dientes en la mesa, si en el baño.

- Nunca se fuma mientras se está comiendo o alguna persona no ha terminado.

- Para los postres se utiliza el tenedor, excepto en el helado, con almíbar, que es con cucharilla, la cual colocaremos en el platito de servicio al terminar.

- No importa cuanta prisa tengamos, no debemos abandonar la mesa antes de terminar el último bocado.

- Las piernas quietas y sin cruzarlas ayudan a una mejor digestión.

- No debes mover los platos vacíos y colocarlos uno encima de otro, limpiar los cubiertos, platos, etc., con la servilleta, colocar el cuchillo en la boca, ponerte a recoger los platos cuando los demás están todavía comiendo.

Evita siempre

- Empezar a comer hasta que se les haya servido a todos.
- Pedir recetas (sólo en privado).
- Partir el pan con el cuchillo.
- Hacer ruido con los cubiertos.
- Sorber, oler los platillos.
- Comer muy rápido o muy despacio.
- Soplar a los líquidos o vaciarlos para enfriarlos.
- Beber con la boca llena, sucia o hacer buches.

- Hacer sopas con el pan.
- Abrir la boca al masticar.
- Tomar bocados muy grandes.
- Usar tortillas o pan en lugar de cubiertos.
- Ofrecer bebidas que ya se han probado.
- Expresar asco o desagrado.
- Escupir un alimento sobre el plato.
- Limpiarse con el mantel o sonarse con la servilleta.
- Hacer bolitas con el migajón.
- Poner sal a los platillos antes de probarlos.
- Observar fijamente a quien comete un error o burlarse.
- Limpiarse la boca con la cuchara.
- Decir que se está a dieta.
- Probar alimentos de otro plato.
- Pasar restos de un plato a otro.
- Comer hasta limpiar el plato.
- Retocar el maquillaje.
- Jugar con el salero.
- Regresar el líquido derramado del plato a la taza del café.
- Tocarse la nariz o el pelo.
- Peinarse en la mesa.
- Quitarse los zapatos

Todas estas son actitudes que debemos evitar y las positivas debemos hacerlas hábito, hasta que lo hagamos inconscientemente.

Varios tipos de servicio

En una cena de etiqueta, la anfitriona de la casa asigna los lugares a cada persona. Se puede colocar una tarjeta con el nombre en cada lugar e inclusive podríamos escribir algo alusivo a la fecha en la parte de atrás.

SERVICIO FRANCES:

La sopa se encuentra servida o bien se trae ya servida en el plato por el mesero. Los demás platones se presentan por el lado izquierdo para que cada quien se sirva. Los platos sucios se retiran por la derecha. Antes de servir el postre debe limpiarse la mesa.

SERVICIO RUSO:

Este tipo de servicio surgió cuando algunos maestros de la cocina francesa se fueron a Rusia. Es muy parecido al servicio francés, la diferencia está en que el que sirve es el mesero.

Este es el servicio más común además de ser el más práctico y elegante.

SERVICIO AMERICANO:

Aquí los alimentos vienen servidos desde la cocina. Se colocan frente al comensal por la izquierda. Es el utilizado comúnmente en los restaurantes, ya que es práctico, rápido y económico.

En los casos anteriores, el vino se comienza a servir una vez que los comensales están sentados a la mesa, donde ya estarán las copas en la forma adecuada. Este se sirve de acuerdo al menú y en la temperatura indicada.

Los vinos se descorchan al momento de servirse y se hace directamente de su botella, la cual estará cubierta con una servilleta para prevenir o evitar que escurran gotas y manchen el mantel o alguna prenda. En algunos casos, se sirve el vino en otra botella de cuello angosto, después en las copas, sobre todo los licores.

BUFFET

Servir un buffet es algo muy divertido. La anfitriona disfrutará de la fiesta, ya que podrá tener todo listo con anterioridad.

Hay varios tipos de buffet, dependiendo del número de personas, que puede ir desde doce hasta cien o más; de acuerdo también al motivo de la reunión.

Se podrá arreglar la mesa por ejemplo en una noche mexicana, con un mantel de colores fuertes, con una bonita vajilla de barro y hacer un menú con platillos mexicanos, aguas frescas, frutas secas, etc.

Dependiendo del espacio que tengamos y el tipo de mesa, se arreglarán los utensilios necesarios. Recuerda que la mesa debe verse atractiva sin estar recargada. Si la mesa es larga, en un extremo se pondrán los platos extendidos, los cubiertos que pueden estar ya en pareja con la servilleta debajo o bien formando un abanico. Las copas de vino o vasos con refresco ya estarán servidos.

Si hay muchas personas, se puede hacer un arreglo "gemelo" al otro extremo de la mesa, para evitar problemas de "tráfico". Los platones entonces, estarán al centro, donde también estará un adorno pequeño o un par de velas encendidas, dependiendo la fiesta. La mesa puede estar también pegada a la pared. Los platillos podrán estar en lugar de en la mesa, en un mueble trinchador.

Los invitados deberán tomar primero el plato, servirse y después tomar la servilleta, los cubiertos y su copa, ya que así tendrán las manos libres para poder servirse.

En algunas ocasiones, es conveniente tener mesero y que sea él quien sirva a cada persona. Se sugiere que en el menú nunca se incluyan carnes o platillos duros o difíciles de partir, pues en muchas ocasiones será el regazo el que sirva de apoyo al plato. Si se sirven platillos calientes, será bueno tener alguna parrilla eléctrica para que se conserven así.

Si la cena se va a servir una o dos horas después de la cita, se servirá botana muy ligera, pues los invitados perderían el apetito; pero si van a pasar más de dos horas, entonces sí se ofrecerán pequeños platones, con cacahuates, papas, palomitas, algún paté con galletitas, etc.

Dos mesas de buffet

 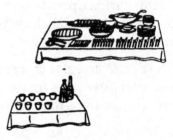

COCTEL

Puedes invitar a todas las personas que desees, citando a una hora para llegar y para irse. Para una inauguración o bien poder compartir con muchas de ellas alguna alegría o fecha especial, esto es lo que en inglés llaman "open house". En este caso, de preferencia siempre tendrás un mesero que ayude, para que tú realmente disfrutes de la fiesta. Aquí se pasarán bocadillos todo el tiempo, primero los fríos, luego los calientes y al final los dulces. Se prepararán patés, mousse, quesos, botanas especiales, como ciruelas pasas rellenas de nuez y envueltas en tocino, apio relleno de queso, pequeñas croquetas de atún, salchichas con pasta de hojaldre, etc., esto ya será obra de la imaginación de la anfitriona. Lo más importante es que los anfitriones dediquen un momento a cada persona.

Habrá vinos y bebidas al gusto.

Es importante que se invite personas que puedan tener algo en común para que se hagan pequeños grupos de "gente contenta". Esto es ideal en Navidad, por ejemplo o en algún evento en el que se tiene que invitar a mucha gente y no se tiene espacio en la mesa o bien no te alcanza la vajilla para un buffet. Aquí lo único que necesitan tener todos es "una servilleta". En estas ocasiones, no hay que olvidar decirle al mesero que prepara las bebidas, que no las haga muy cargadas, pero que siempre las personas tengan su vaso lleno.

Para una tarde de té con tus amigas

Elige un rincón agradable de tu casa: el jardín, la salita, frente a la chimenea si hace frío, etc. Antes que lleguen las invitadas prepara la charola del té y colócala en una mesa de agua hirviendo, mezcla los tés. Sirve a los asistentes, según deseen y agrega azúcar, crema o limón, según lo quieran. Aquí puedes servir galletitas, algún pastel o bocadillos dulces.

Si estás celebrando alguna fiesta en honor a alguien (un cumpleaños, baby shower, despedida de soltera, bienvenida para la nueva vecina, etc.) puedes hacerlo de esta forma si es temprano, o bien servir un buffet si es después de las seis de la tarde.

Detalles que se deben cuidar en todas las ocasiones

La casa bien arreglada, si es posible pon flores naturales en varios lugares, que ayudarán además a dar buen aroma.

Todo listo con dos horas de anticipación a la cita.

El baño en perfectas condiciones: toallas limpias, que armonicen con el juego de baño y los colores, algún buen desodorante, un ramito de gardenias que adornarán y producirán un buen olor. Jabón o de preferencia un champú para lavarse las manos, una crema para manos. Si es posible, en un bonito palillero, colocarás aquí los palillos para quien los necesite; un rollo de papel sanitario nuevo. Lo mismo que a la mano pero que tampoco se vea, tendrás unas toallas sanitarias por si alguien las llegara a necesitar. Un cenicero. Y por supuesto dirás a la persona indicada, que igual que limpia los ceniceros y los substituye por limpios todo el tiempo, revisará periódicamente el baño para que siempre se encuentre en buen estado.

Podrás también poner ahí algún adorno alusivo al festejo.

Todo esto es muy importante, pero hay algo mucho más:

Tu persona

Algo respecto a los menús

No hablaremos específicamente de ningún platillo, para ello podrás tomar un curso de cocina o leer en las revistas algunas recetas, pero es muy importante tener en cuenta algunos puntos cuando vas a invitar a alguien a casa.

1. A quién vamos a invitar y sus gustos (si conocemos éstos).

2. Qué acontecimiento estamos celebrando.

3. Cuántas personas esperamos.

4. Qué tipo de servicio vamos a ofrecer.

5. Es la primera vez que vienen.

Después de esto, tomaremos en cuenta lo siguiente:

1. Planear un menú que no hayas hecho antes si las personas ya han venido en otras ocasiones.

2. La hora (desayuno, comida o cena).

3. El acontecimiento (etiqueta, buffet, cóctel, baby shower, etc.).

4. No experimentar platillos. Que no sean muy condimentados ni con demasiado picante (si alguien lo desea es mejor que se lo agregue) lo mismo que cuidar la cantidad de sal.

5. Trataremos de que el menú sea equilibrado y los platillos se combinen unos con otros, ya que si no es así, las personas no se sentirán bien y por pena tal vez no lo digan. ¡Pondremos sales digestivas en el baño!

MALOS EJEMPLOS:

Pasta, chilaquiles, vino blanco y pastel de chocolate!!!!!!

Botana, crema de flor de calabaza, crepas con pollo, pollo en cacahuate, ensalada y mousse de mango!!!!!

Trataremos de que todo concuerde, por ejemplo:

UNA COMIDA MEXICANA

Taquiza: chicharrón, mole verde, cochinita, frijoles, etc.

De beber: cerveza.

Postre: fruta fresca o frutas cristalizadas.

UN DESAYUNO

Jugo, frutas, cereal con leche, huevos (calculando dos por persona) o bien hot cakes, o yogurt con la fruta, café o té.

UNA CENA INFORMAL

Queso, pan, carnes frías y vino (tinto, blanco o rosado) turrones si es la época o frutas secas de postre.

COCTEL PARA MUCHAS PERSONAS

**Mousse de: aguacate, cangrejo, queso roquefort, paté, salchichas con pasta de hojaldre, rollitos de hojaldre con queso, croquetas de atún, papitas en perejil, pan campesino, ciruelas rellenas de nuez y envueltas con tocino (los últimos seis son calientes).

De postre: pastelillos, rebanaditas de rollo de nuez o dátil.

De beber: Vino blanco o bien bebida libre.

CENA FORMAL DE ETIQUETA

Poca botana. Entrada de jamón serrano con melón chino. Consomé ligero (puede ser de pollo con espárragos). Lomo de cerdo en salsa de ciruela pasa. Helado de vainilla de postre.

De beber: Vino blanco y tinto al gusto.

Estos son unos ejemplos de lo que puedes hacer.

Recuerda, no es sólo la comida lo que tomarán en cuenta, sino.

"La atención, el cariño y tu compañía"

No cometas el grave error de comenzar a retirar los platos, limpiar y no participar de la sobremesa, ya más tarde recogerás.

**(Recetas en el curso Anfitriona Ideal, véase al final Armonía y Estilo).

Las servilletas

La servilleta es un accesorio indispensable en cualquier mesa y momento de reunión en el que se sirva algo de comer o beber.

Cuando es solamente un café o té, se dará una servilleta pequeña, que puede ser bordada o con un pequeño encaje alrededor. Lo mismo cuando es un cóctel en donde se estarán pasando bocadillos. Se puede dar servilleta de papel, aunque esta forma es mucho más informal. Cuando se sirve buffet, debe ser de preferencia de tela haciendo juego con el mantel, o bien de papel con algún dibujo alusivo al acontecimiento.

Cuando es formal, se pondrá en la mesa, de lado izquierdo, pero nunca debajo de los cubiertos, o bien al frente, doblada en rectángulo o triángulo, puede ir enrollada con un aro que haga juego con los demás accesorios; pero por supuesto, puedes usar tu imaginación, haciendo que luzcan como adorno de la mesa. He aquí sólo unos ejemplos:

DOBLEZ PARA BUFFET

Doblar la orilla inferior hasta un poco menos de la mitad. La parte que queda doblarla hacia atrás y la mitad hacia abajo, de manera que la parte inferior quede con tres capas. Formar un triángulo en la parte superior (como para hacer un barquito), doblando las puntas superiores hacia la mitad.

a) Doblar las esquinas inferiores que se proyectan hacia la capa superior quedando un triángulo.
b) Voltear las puntas laterales del triángulo hacia el centro.
c) Colocar las puntas inferiores del triángulo a que toquen el centro para formar "bolsas" que contengan los cubiertos planos.

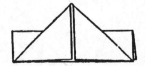 

VELA

Doblar la servilleta en triángulo con la punta hacia arriba. Doblar la base hacia atrás como cuatro centímetros. Con el doblez hacia afuera, enrollarla asegurando la punta final para que no se deshaga.

a)   Pararla en la mesa con la punta hacia arriba y suavemente bajar la punta de enfrente.

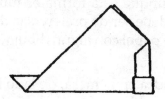 

FLOR DE LYS

Doblar la servilleta en triángulo con la punta hacia abajo; doblar ambas puntas superiores al centro.

a)   Ahora las mitades inferiores subirlas para unirlas con la punta.
b)   Hacer un acordeón con la parte inferior dividiendo lo ancho de modo que la última puntita quede hacia abajo al centro de la base del triángulo.
c)   Levantar la servilleta y doblar las puntas inferiores del triángulo hacia atrás ensartándolas. Pararlas en la mesa, jalar las puntas laterales hacia abajo que parezcan caídas.

 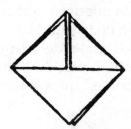

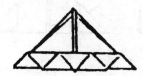

LANGOSTA

Doblar la servilleta a la mitad. Colocar las puntas superiores hacia el centro formando un triángulo.

a) Doblar las puntas inferiores izquierda y derecha hacia arriba al centro.

b) Voltear la servilleta hacia abajo. Doblar la parte de arriba de la misma hacia la parte superior.

c) Levantarla, doblando a lo ancho; doblar las puntas sueltas, (simulando las patas) sobre la servilleta, apoyando a los lados.

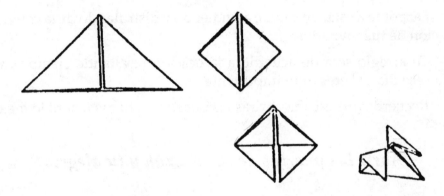

Formas comúnes y sencillas de doblar la servilleta

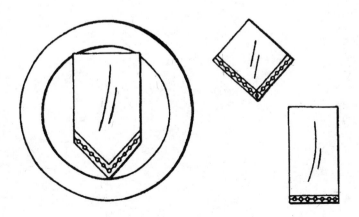

Tú, la anfitriona

Deberás estar descansada. De preferencia con tiempo habrás arreglado todo y cocinado. Revisar los últimos detalles con anterioridad, para que dediques un buen rato a descansar.

Si es posible toma un baño relajante, ponte una mascarilla, arréglate las uñas y el cabello, maquíllate y vístete para que estés lista una o media hora mínimo antes de la hora que citaste a los invitados. Es de muy mal gusto que comiencen a llegar y la anfitriona no esté lista, o bien tenga que estar yendo a la cocina todo el tiempo.

Dispónte a estar en calma, atendiendo y disfrutando de la conversación de tus invitados.

Tu arreglo será de acuerdo a la ocasión resaltando siempre, ya que ese día TÚ eres muy importante.

Recuerda que ese día abrirás las puertas de tu casa, pero lo mejor será:

"Abrir las puertas de tu corazón y tu alegría."

Bases de enología

Diferentes vinos

*"Con la primera copa, el hombre bebe al vino,
con la tercera el vino bebe al hombre."*

(autor desconocido)

Lo primero que debemos tomar en cuenta es que el vino es para acompañar una buena comida, compartir una buena experiencia o para hacer un brindis y en la medida que lo tomemos demostraremos principalmente la autoestima y el respeto hacia los demás.

Los vinos de mesa

El vino es el jugo de las uvas. Cada gota de vino es lluvia que la vid recogió. Durante los primeros 5 años de vida, la vid desarrolla sus raíces y un tallo muy fuerte. Es una planta frágil y delicada. Produce a los 7 años y muere a los 40.

Las especies están divididas en diferentes variedades, como:

Chardonay, Pinot Noir, Moscatel, Sauvignon, Grenache y Chenin Blanc.

El cultivo de la vid se localiza en las zonas templadas del planeta y para el buen desarrollo de esta planta se necesitan inviernos fríos y veranos secos y cálidos. No necesita mucha humedad. Se adapta a suelos no compactos, pedregosos o ligeramente calizos, poco fértiles.

Las uvas son la materia prima del vino. La piel aporta tanino, color, aroma, ácidos, sales y levaduras que provocan la fermentación. Las semillas contribuyen con tanino. El jugo o mosto aporta el agua, las sales y el azúcar.

El azúcar se convierte en alcohol etílico y anhídrido carbónico. La fermentación dura 4 o 5 días, la transformación del mosto de la uva en vino se desarrolla a través del proceso bioquímico expuesto y constituye la base sobre la que se levanta toda la ENOLOGÍA.

Se dividen en vino tinto, vino rosado, vino blanco y vino espumoso. Los licores y aguardientes no vienen de la uva.

Se llaman vinos de mesa a los que se beben con las comidas y se elaboran y sirven de la siguiente manera:

VINO TINTO: Las uvas son depositadas en barriles para su fermentación. Aquí el mosto fermenta en contacto con los hollejos, que darán al vino color, aroma, acidez. Se toma a la temperatura ambiente con carnes rojas.

VINO ROSADO: Las uvas se prensan y se aprovecha el principio, ya que el resto del prensado tendrá demasiado color. Se utiliza la uva Grenache y su fermentación se realiza sin hollejos. Se toma frío con cualquier comida.

VINO BLANCO: Se elabora con uvas blancas, tipo Chardonay, Sauvignon y Chenin Blanc. Se deja el pellejo en contacto con el mosto poco tiempo para que no tome color. La fermentación se realiza sin hollejos. Los hay secos, medio secos y dulces. Se bebe frío con carnes blancas, aves, pescados y mariscos.

CHAMPAGNE: Es un vino blanco espumoso natural, de la fermentación inicial del mosto procede su espuma. Su proceso fue descubierto precisamente en la ciudad de Champagne, Francia, por un monje benedictino llamado Dom Perignon y la de mayor calidad lleva su nombre. Después está Möet Chandôme, Mum, Veuve du Cliquot y Chambrulet. Es una bebida de gran categoría. Se bebe bien fría, con cualquier comida y en cualquier ocasión.

SIDRA: Es una bebida que resulta de la fermentación del jugo de manzanas ácidas, a la cual se le añade gas carbonatado. Se bebe bien fría.

Como vemos los vinos deben tomarse a diferentes temperaturas, esto por lo general es cuestión de costumbre. Sin embargo sabemos que un vino a la temperatura ambiente es más aromático.

Los vinos blancos y rosados se toman fríos, pero nunca helados. No deben refrigerarse ya que pierden parte de su sabor. Lo más recomendable es tener hielo con sal en una vasija y una hora antes de servir, ponerlos a enfriar. Lo mismo para el champagne.

Un vino puede tener fecha de caducidad y esto está en función de su acidez. Cuando la pierde, también pierde sus características y queda sujeto a bacterias que lo alteran totalmente. Si cambia el aroma o el color, el vino se echó a perder.

Para guardarlos se hará en un lugar fresco y de preferencia obscuro. El tapón de corcho lo mantiene cerrado herméticamente. Por lo general deben mantenerse acostadas precisamente con el objeto de que el vino esté en contacto con el corcho y se mantenga húmedo.

Aperitivos

Son los vinos que se ofrecen y se toman antes de comer, para abrir el apetito y tal vez acompañados de alguna botana.

VERMOUTH: Lo hay rojo, blanco y blanco dulce. Se sirve solo o en las rocas (con hielo). El blanco seco mezclado con ginebra y una aceituna nos da el popular Martini.

DUBONETT, CAMPARI, JEREZ Y OPORTOS, son aperitivos excelentes y se sirven de la misma forma que el Vermouth.

TEQUILA: Es aguardiente extraído del agave azul, producido principalmente en la región de Tequila, Jalisco. Los hay blancos, reposados, suaves y añejos. Se sirve solo en una copita especial, acompañado con limón, sal y sangrita.. Se mezcla para elaborar varios cócteles como el Margarita que lleva jugo de limón y Cointreau o el Tequila Sunrise que está mezclado con jugo o zumo de frutas.

TRAGOS LARGOS: Se sirven también como aperitivos, con las botanas o a cualquier hora y en combinación de algún refresco o agua mineral, como son la conocida "cuba" que es ron con refresco de cola, el High Ball que es Whisky con agua mineral o natural, entre otros.

BRANDY O COGNAC: Son destilados de vino puro de uva y añejados en barricas de roble. Estos se toman solos y a la temperatura ambiente, entre comidas o al final. La única diferencia entre ellos es que el Cognac es destilado en la región que lleva su nombre, en Francia. Los brandies se producen fuera de allí. Ambos pueden tener las siglas V.S.O.P. (Very Superior Old Pale) y define una calidad extra de añejamiento mayor a los diez años.

WHISKY, WHISKEY Y BOURBON: El whisky es un producto elaborado en Escocia a base de trigo. El whiskey es elaborado en los Estados Unidos a base de maíz. El whisky es un licor con sabor un tanto floral, nunca es amargo. El Bourbon tiene un sabor ligeramente más dulce y el aroma es más intenso. De acuerdo al envejecimiento en barriles, se torna más obscuro, suave y aromático.

Se puede tomar solo o en las rocas o bien con agua mineral o natural. Está catalogada entre las bebidas de más clase.

VODKA: Sus orígenes vienen de Rusia y Polonia, ahí normalmente lo toman solo, sobre todo cuando hace mucho frío para calentar el cuerpo. Está elaborado de la destilación de los granos de varios cereales o de la papa. Es una bebida ausente de sabor y aroma, su destilación da por resultado un alcohol muy neutro. Si deseas saber si tiene excelente calidad, pon unas gotas en el dorso de la mano, déjalo secar y la piel no debe oler ni saber a nada. Se toma solo, mezclado con agua quina o con jugos de frutas. Si se mezcla con leche evaporada o crema de leche fresca, da el Ruso Blanco y si se hace con licor de café (kalhúa) resulta Ruso Negro.

GINEBRA: Se denomina así al licor elaborado con bayas de enebro y cereales; es originario de Holanda y después se convirtió en una bebida tradicional inglesa. La clásica London Dry se obtiene de la destilación de los granos con una mezcla de alcohol. Los holandeses la toman sola en pequeñas copas (como en México el tequila). Se mezcla con agua quina, refrescos de toronja o jugo de naranja.

RON: Se elabora de la destilación del jugo de caña de azúcar, piloncillo o miel y es fermentado en barricas de roble o encino. Es una bebida muy versátil y combinable con diversos sabores de refresco. El elaborado en Puerto Rico y Santo Domingo es más fuerte que el cubano y mexicano que son más suaves. Ideal para los tragos largos (las famosas cubas). Se utiliza en los ponches calientes o fríos. Es estupendo para flamear platillos y como ingrediente en la repostería.

CERVEZA: Aunque la cerveza no está en la categoría de los vinos y licores la tomamos en cuenta como una bebida popular.

Está hecha de agua, malta, levadura y lúpulo que es lo que le da el sabor amargo.

Se toma bien fría y con comidas informales.

Vinos cordiales o digestivos

MOSCATEL: Es un vino dulce elaborado con uvas moscateleras. Es denso y dulzón. Para elaborarlo, la uva ya cortada se asolea antes de ser prensada para su fermentación. Su graduación de alcohol es baja. Es una bebida excelente para postres y para damas.

GRAND MANIER: Se obtiene con cognac añejo y esencias de naranja dulce y amarga. Se añeja en barriles de encino. Su sabor es dulce y fuerte. Existe una variación y es el Cherry Manier que es igual pero elaborado con cerezas.

DRAMBUIE: Es una mezcla de whisky escocés con miel y hierbas aromáticas de sabor dulce y suave.

GALIANO: De origen italiano, de sabor dulce y fuerte. Se elabora mezclando una variedad de hierbas aromáticas con alcohol.

JEREZ: Originario de Andalucía, de la ciudad de Jerez de la Frontera. Está elaborado con uvas muy maduras mediante un proceso conocido como solera y es el sistema que permite la perfecta maduración del vino nuevo del mismo tiempo. Hay tres tipos de jerez: el fino que tiene color claro y un aroma penetrante; el oloroso es más oscuro y pesado, de aroma intenso y el palo cortado que es mucho más aromático.

ANÍS: Es un licor muy popular, de origen español. Es muy dulce y está preparado a base de la destilación del anís y algunas especias. Sirve también para algunos postres. Se puede tomar como aperitivo o digestivo, solo o con hielo. Con granos de café.

AMARETTO: Es un licor fuerte de origen italiano, elaborado con almendras.

COINTREAU: Es un licor destilado de naranjas.

PERNOD: De sabor anisado que incluye también el hinojo en su elaboración. De color verdoso. Se toma solo, con agua o mezclado.

KIRSH: Originario de Suiza. Se prepara con huesos y pulpa molidos de cerezas y dejados en barriles de roble para su reposo. Se usa también en postres y cocteles de frutas.

BAILEYS: Originario de Irlanda. Mezcla de whisky con licor de café. Se toma solo o en las rocas.

ROMPOPE: Es una bebida típica hecha por las monjas. Es una crema compuesta de yemas de huevo, azúcar y aguardiente. Se sirve de aperitivo. Por su bajo contenido de alcohol tiene gran aceptación en reuniones de tipo familiar.

MIDORI: Es un licor destilado del melón, de color verde. Se toma solo, en las rocas o en cóctel.

Existe una variedad más de licores, elaborados con frutas y se utilizan sobre todo mezcladas con diferentes jugos. Estos se toman como aperitivos o como bebidas refrescantes.

Al pedir alguna bebida tomaremos en cuenta el lugar, la ocasión y las personas con las que estamos compartiendo.

En un buen restaurante siempre habrá quien nos ayude a decidir que vino pedir si es que tenemos duda, es el encargado de los vinos (sommelier) quien inclusive tendrá la forma de probar el vino antes de servirlo, para estar seguro de que lo que nos ofreció es de la calidad que se espera.

Licores

En general los licores se dividen en cuatro:

AGUARDIENTES: Derivados de la destilación de líquidos azucarados con la adición de substancias aromáticas.

LICORES: Propiamente dichos, que contienen un 20% de alcohol, de un 10% a un 30% de azúcar y substancias aromáticas en dosis más o menos elevadas.

APERITIVOS: Preparados con amargos o quinina o también con subs-tancias aromáticas como el anís. De poca concentración alcohólica.

CREMAS, CORDIALES O DIGESTIVOS: Licores a base de jugos de fruta, con extractos a los que se les añade alcohol.

Cómo reconocer y elegir un buen vino

La etiqueta de un buen vino de marca debe decir:

1. Nombre del vino.
2. Mención del origen.
3. La figura indicando la marca.
4. El nombre del vinicultor.
5. Lugar de producción y embotellado.

Algunos vinos tienen las siglas V.D.Q.S. que significa "Vin de quialité superieure", que significa vino de calidad superior.

Otros dicen "Mise en bouteille au chateau" o "Au domaine" e indican también ser vinos embotellados directamente por el culti-vador.

Las mejores cosechas son las de la franja central (véase dibujo).

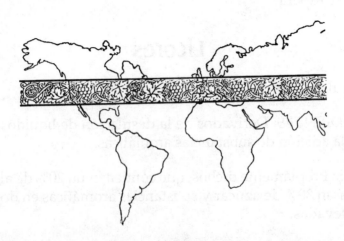

Buenos vinos conocidos

VINOS BLANCOS SECOS

Españoles: Rioja, Alella, Mancha.

Alemanes: Riesling, Mosela.

Italianos: Orvieto, Frascati.

Franceses: Chablis, Polly Fouseé.

VINOS BLANCOS DULCES

Españoles: Málaga, Alella.

Franceses: Graves, Vouvray.

Italianos: Castelli, Romani, Verdicchio.

Austríacos: Riesling.

Portugués: Oporto.

Alemanes: Rhin, Libfraumilch.

Chilenos: Viña Maipo.

VINOS TINTOS LIGEROS

Franceses: Beaujolalis, Chateau-Neuf du Pape, Medoc.

Portugueses: Vino verde tinto.

Españoles: Rioja, Valdepeñas, Priorato.

VINOS TINTOS

Franceses: Borgoña, Hermitage, Saint Emilion, Pomerol.

Españoles: Rioja, Alicante.

Italianos: Chianti.

TINTOS DE RENOMBRE

Franceses: Chambertin, Cote de Nuits, Corton, Romaneé, Musigny

Italianos: Barolo.

VINOS ROSADOS

Españoles: Rioja rosado.

Suizos: Ojo de Perdiz (Neuchatel).

Franceses: Tavel, Cabernet d'Anjou.

Chilenos: Viña Maipo.

En Estados Unidos se producen algunos como:

Pinot Noir-Almacen, Sauterne, Paul Masson, Cabernet Savignon.

Existen excelentes vinos Argentinos

En Cognac o Brandy encontramos Remy Martin, Chatelaine, Napoleón, Armagnac y Polignac todos franceses.

El Brandy Soberano de González Byass y Pedro Domecq de España.

Y de Inglaterra el Hennessey V.S.O.P (Very Superior Old Pale).

Conclusión

Después de haber leído este libro te habrás dado cuenta de la importancia de la Imagen y de la Etiqueta.

Has conocido los conceptos básicos para que como si fueran semillas, de hoy en adelante las pongas a germinar.

Seguramente muchas cosas ya las sabías y estos capítulos te sirvieron solo de recordatorio, habrá algunas nuevas que te servirán para seguir perfeccionando tu imagen.

Todo lo anterior es elemental para causar la primera impresión pero aun cuando esto es tan importante te recuerdo para finalizar que

Tú eres el reflejo de lo que llevas dentro.

Por eso debes continuar conociéndote, cultivándote, en una palabra *creciendo* para *ser cada día mejor persona.*

Así es que adelante y recuerda ¡TU PUEDES!

Bibliografía

Color for men	Carol Jackson	
El hombre bien vestido	John T. Molloy	
Alive with color	Leatrice Eliseman	
Advice for every dining occasion	Elizabeth L. Post	Edit. Harper Collins
Compórtate	B. Sáez y A. Crespillo	Editorial Palabra
El arte de la etiqueta	Evelia Porto Mejía	Editorial Promexa
Etiqueta para el mundo de hoy	José Luis Beltrán	Editorial Promexa
Etiquette for gentelmen	George Bernard Shaw	Cooper Buch Publilshing
Manual de Urbanidad	Manuel A. Carreño	Editorial Nacional
The etiquette of politeness	R.B. Sheridan	Cooper Buch Publishing
Color me beautiful	Carol Jackson	
Mujer... armonía y estilo	Rosario Galindo	Panorama Editorial
Color with style	Donna Fuji	
Choose your style	Clearence Witten	
Dressing to win	Robert Pante	
Dressing with color	Jeanne Allen	
It's you!	Emily Cho	
Looking your best	Mary Spillone	
Scarf Tying	Judy Raimon	
Uniquely You	Betty Nethery	

La autora

Rosario Galindo de Fernández inicia su carrera hace más de 15 años especializándose en Imagen Personal y abre las puertas de la Escuela Armonía y Estilo/Personalidad Empresarial en 1990.

Actualmente trabaja en capacitación dando asesoría de Imagen Personal, así como cursos de Imagen y Etiqueta Ejecutiva, Ventas, Servicio al Cliente y Relaciones Humanas, a nivel empresarial en toda la República Mexicana y sudamérica.

Imparte también conferencias motivacionales para la Superación Personal, realizando así una de sus metas, que es compartir sus experiencias con miles de personas.

Desde el mes de mayo de 1997 participa como conferenciante en el Congreso Internacional de Les Nouvelles Esthetiques en los Angeles, California Miami y Florida en Buenos Aires, Argentina, teniendo un gran éxito.

Escribe en 1995 su primer libro: Mujer... armonía y estilo y ahora los nuevos títulos: "Como te ven... te tratan" en su versión para damas y caballeros con el cual desea dar una orientación del conocimiento de si mismo, para que de esta forma puedan sacar mayor provecho a su imagen física personal y de esta manera logren una mayor superación tanto laboral como en la vida misma.

Participa en cápsulas de Imagen en programas de radio y televisión.

Si deseas mayor información sobre sus cursos o bien una orientación personal, puedes comunicarte a Armonía y Estilo/Personalidad Empresarial:

Cto. Médicos No. 57 ABC, Cd. Satélite, Naucalpan CP 53100 Estado de México.

Teléfonos: 393-97-85 y 393-08-46 (fax) 373-55-95.

e mail: armonía@supernet.com.mx.

Impreso en:
Programas Educativos, S.A. de C.V.
Calz. Chabacano No. 65 Local A
Col. Asturias 06850 - México, D.F.
Octubre 2003
Empresa Certificada por el
Instituto Mexicano de Normalización
y Certificación A.C., bajo la Norma
ISO-9002: 1994/NMX-CC-004: 1995
con el Núm. de Registro RSC-048,
y bajo la Norma ISO-14001: 1996/SAA-1998,
con el Núm. de Registro RSAA-003